董明珠：不忘初心，方得始终

黄鸿涯◎编著

中华工商联合出版社

图书在版编目(CIP)数据

董明珠：不忘初心，方得始终 / 黄鸿涯编著. —— 北京：中华工商联合出版社，2021.9
ISBN 978-7-5158-3108-4

Ⅰ.①董… Ⅱ.①黄… Ⅲ.①家电企业－工业企业管理－经验－珠海②董明珠－生平事迹 Ⅳ.①K825.38 ②F426.619

中国版本图书馆CIP数据核字（2021）第181304号

董明珠：不忘初心，方得始终

作　　者：	黄鸿涯
出 品 人：	李　梁
责任编辑：	胡小英
装帧设计：	华业文创
责任审读：	李　征
责任印制：	迈致红
出版发行：	中华工商联合出版社有限责任公司
印　　刷：	北京毅峰迅捷印刷有限公司
版　　次：	2021年10月第1版
印　　次：	2023年 3 月第4次印刷
开　　本：	710mm×1020mm　1/16
字　　数：	200千字
印　　张：	14.75
书　　号：	ISBN 978-7-5158-3108-4
定　　价：	48.00元

服务热线：010-58301130-0（前台）
销售热线：010-58302977（网店部）
　　　　　010-58302166（门店部）
　　　　　010-58302837（馆配部、新媒体部）
　　　　　010-58302813（团购部）
地址邮编：北京市西城区西环广场A座
　　　　　19-20层，100044
http://www.chgslcbs.cn
投稿热线：010-58302907（总编室）
投稿邮箱：1621239583@qq.com

工商联版图书
版权所有　侵权必究

凡本社图书出现印装质量问题，请与印务部联系。
联系电话：010-58302915

前 言

2013年5月25日是一个特殊的日子，从这一天开始，董明珠身兼格力董事长、格力电器董事长及总裁三职于一身，格力进入了一个全新的时代——董明珠时代。

董明珠，在空调业是个掷地有声的名字，她是一个创造了中国营销神话的倔强女人，她将格力电器发展为"世界名牌"和"中国空调行业标志性品牌"。作为具有丰富营销经验的优秀女企业家，"董明珠"这个名字是随着格力这个金字品牌一起响亮起来的，她也被称作家电业的"拼命三郎""中国的阿信"。她从一个普通的业务员做起，第三年做到了经营部部长，之后统管全国销售，一步一步走到总裁、董事长的位置上。她数次入选美国《财富》杂志"全球50名最有影响力的商界女强人"，成就了一个被寄予厚望的民族品牌。她也是一个富有争议的女人，话题不断。

在中国的空调领域里，如今几乎没有人不知道董明珠。在格力流行着这样一句顺口溜："跟着朱江洪，永远不受穷；跟着董明珠，格力不会输！"董明珠创造了奇迹：她把格力空调全部卖了出去，账上没有一分应收款。她太能了：格力的腾飞，董明珠功不可没；她太细了：别人还没说什么，她就知道对方在想什么。对手们曾这样形容她的厉害："董姐走过的路，草都长不出来。"她带领23名营销业务员，打败了国内一些厂家近千人的营销队伍。曾有人自费飞到格力，只为了"看看董明珠究竟是什么

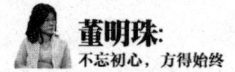

样的女人"。

其实，董明珠被广为人知是从她和黄光裕对垒开始的。事实上，连锁商对家电制造企业的控制和霸道，早就成为行业内的共识，引起业内的强烈不满，只是这层窗户纸需要有人来捅破，这一反击的炮火需要有人来点燃。董明珠因为和经销商建立了严密的"捆绑关系"，完全可以脱离霸道的国美，所以她毫不犹豫地充当了这个角色。叱咤市场十几年，她总是能够让别人跟着她的规矩走，这就是她的高明之处。

作为游戏规则的制定者，她总是不断地破坏旧的游戏规则，建立新的规则。格力举报奥克斯，开业界未有之先河。有人把董明珠对商界的贡献归纳为：技术创新、营销创新、管理创新、人才组织创新。这四项正是驱动现代企业得以稳健发展的重要引擎。董明珠身上的每一个特点，都是一道靓丽的风景，散发出其独特的魅力。可是，董明珠的成功仅仅是因为她身上表现出的这些个性吗？显然不是，个性的背后，是她对人性的关怀，对社会的关注，还有她提出的"工业精神"。

事实上，无论是在营销还是在管理上，董明珠都算得上天才。但能够在36岁时重新选择和定位自己的人生，并且一直坚持到现在，并不是每个人都有这种勇气。出身营销行业的她以营销创新为契机，在管理和人才组织上，大胆采用新思维，以其"霸道"的管理手段，影响了一个企业，影响了中国商界。是的，董明珠很霸道，霸道得无论和谁谈生意，都时刻把主动权掌握在自己手里，为此，她不惜"开除"公司最大的经销商，甚至和国美"叫板"。

格力电器能够在短短的20多年间内迅速发展壮大并继续保持行业龙头地位，除了高品质的产品外，主要原因在于董明珠建立了一套独立完善的、符合中国市场实际的营销战略，这在空调行业被誉为"格力模式"。

格力今天之所以这样受人尊重，一方面是因为董明珠长期以来坚持诚信经营打下的良好市场基础，另一方面则是因为董明珠主导进行的一系列销售和渠道创新。在产品同质化的今天，许多企业发现单纯依靠高品质的产品已经不足以打动消费者的心扉。董明珠所倡导的自建渠道，并不是一个偶然的尝试，而是对家电连锁销售的一种有益补充，是对市场空白的填补，必将对整个市场营销格局的变化产生深远的影响。

老子说："上善若水，水善利万物而不争，处众人之所恶，故几于道。"水包容一切，宽容地面对一切。它尊重差异，包容多样。在如今有多少商人早已被"拜金主义"所侵蚀，而董明珠依然坚持着自己的精神追求和商业信念。董明珠坚守原则，为了原则，她可以不讲兄妹情分，可以弃自己的职位于不顾而和公司领导对抗，甚至不惜在媒体面前大谈公司领导的失职。在董明珠看来，"一个好的领导者，必须具有强烈的责任感。我想的第一件事就是不被乌纱帽左右，如果你认为我做得太过分了，把我免掉了也不足为奇。但如果给我做，我一定要坚持原则。""不忘初心，方得始终"，她坚信，有信念的地方就有希望，有信仰的地方就是天堂。哪怕物欲横流，董明珠依然活在自己构建的商业世界之中。

目　录

第一章　时刻掌握主动权，才能发挥自身威力

坚定的信念需要极大的热情去实现　　　　　　　　　002
治痼疾，破藩篱，处变不惊　　　　　　　　　　　　005
经得起诱惑，克制住欲望　　　　　　　　　　　　　008
重视员工对企业的忠诚度　　　　　　　　　　　　　010
自信来源于责任　　　　　　　　　　　　　　　　　014
考虑他人利益，才能获得长远大利　　　　　　　　　017

第二章　因为专一，所以专业

专业化铸就核心竞争力　　　　　　　　　　　　　　026
我只想做一件事，格力也是　　　　　　　　　　　　029
不把鸡蛋放在同一个篮子里　　　　　　　　　　　　031
有创新才有生机与活力　　　　　　　　　　　　　　035
越简单，越有力量　　　　　　　　　　　　　　　　039
与其独吞，不如共享　　　　　　　　　　　　　　　042

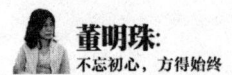

穿上最合适的鞋子：走专业化道路　　046
研发投入不设限　　049
一次性把事情做好　　052

第三章　走出一条属于自己的路

一切始于精英化销售团队　　058
"没有售后服务"才是最好的服务　　061
用心做好产品就是最佳营销　　064
不拿消费者当试验品　　067
与经销商共赢，才是真的赢　　071
重视经销商的想法和意见　　074
打造专业代理营销模式　　077
售前、售中、售后三位一体模式　　083
踏踏实实做好每一个环节　　086

第四章　没有规矩不成方圆

管理只有一种，就是制度　　092
有制度不执行，比没制度更糟　　096
既是铁娘子，又是柔女子　　099
营销讲究的是出奇制胜　　101
内部管理是重中之重　　106
德在先，才在后　　110
管理者一定要以身作则　　114
把营销理念运用到管理中去　　116

第五章　把格力的产品做成一个艺术品

诚信是企业的底线　　　　　　　　　　　122
走"中国创造"之路　　　　　　　　　　124
做营销要与时俱进　　　　　　　　　　　127
用专卖店提升品牌形象　　　　　　　　　130
只打质量战，不打价格战　　　　　　　　134
渠道为王　　　　　　　　　　　　　　　138

第六章　以人为本，以企业为家

为中国，为世界奉献最好的产品　　　　　144
企业需要"温情文化"　　　　　　　　　146
坚守"吃亏"的工业精神　　　　　　　　149
"实文化"是格力的根基　　　　　　　　152
培养员工的主人翁精神　　　　　　　　　156

第七章　人才是企业第一生产力

广纳人才，以德为先　　　　　　　　　　160
放手，才能飞得更高　　　　　　　　　　162
忠诚比智慧更有价值　　　　　　　　　　166
公开竞聘制促进优秀人才脱颖而出　　　　168
宁可自己培养人，也不要跳槽的人　　　　171
接班人梯队是最大的财富　　　　　　　　174

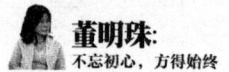

　　坚持人才价值观，不断革新用人制度　　　　　　　　178
　　有待遇才有忠诚　　　　　　　　　　　　　　　　　181

第八章　"营"在世界，"营"在未来

　　国际化不是简单的产品输出　　　　　　　　　　　　188
　　打造中国人自己的世界名牌　　　　　　　　　　　　191
　　先有市场，后有工厂　　　　　　　　　　　　　　　194
　　自主创新，赢得未来　　　　　　　　　　　　　　　198
　　寻找新蓝海，进军中央空调　　　　　　　　　　　　201
　　让全世界都信赖格力　　　　　　　　　　　　　　　205

第九章　刚强的背后是社会责任

　　能承担多大责任，就能取得多大成功　　　　　　　　210
　　做企业就是在做社会事业　　　　　　　　　　　　　213
　　企业的最高境界在于造福社会　　　　　　　　　　　216
　　企业要制造好产品回报社会　　　　　　　　　　　　220
　　让世界爱上中国造　　　　　　　　　　　　　　　　223

第一章

时刻掌握主动权，才能发挥自身威力

　　董明珠并没有想过做格力的领导，她的想法很专一，就是无论在哪里做事，都要把它做好。当一个人站在大家的利益上考虑问题，而不是为自己谋求私利时，也就自然而然地占据了主动权。也正是这个原因，董明珠才被公司领导认可。在格力公司的关键时刻，尤其是格力的业务员集体跳槽这一最有挑战性的时刻，她留了下来，誓与格力同生死，为企业创造品牌，带领队伍。从此，格力进入了一个崭新的时代。

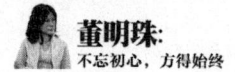

坚定的信念需要极大的热情去实现

每个人来到这个世界上,都被赋予了一种神圣的使命,那就是实现人生价值。然而,人生价值的实现并不是一件容易的事情。只有那些具有非凡人格魅力的人才能够扼住命运的咽喉。坚定的信念是人生博弈不可或缺的品质,永不减退的热情更是人生博弈的必备条件。

要用心地去做一件事情就必须有坚持的力量,这就是一种信念。想要在人生博弈中取得成功,逐梦者还必须拥有极大的热情。被誉为全球首席CEO的通用电气前首席执行官韦尔奇说:"对我来说,极大的热情能够一美遮百丑。如果说哪一种品质是成功者共有的,那就是他们比别人更有激情。"有坚定信念的人永远不会放弃,他们愿意付出,并付出得心甘情愿。董明珠对于格力不可取代的价值,就在于此。

20 世纪 90 年代初,董明珠的生活发生了巨大的变化。她原本有一个幸福的家庭,丈夫温柔贴心,儿子聪明乖巧。然而幸福的家庭往往会遭到上天的嫉妒,一直是家中顶梁柱的丈夫突然被病魔夺去了年轻的生命,董明珠被推向了深渊。无法接受丈夫去世事实的董明珠把工作、儿子统统搁置不管,整日混混沌沌、恍恍惚惚。丈夫去世半年后,始终惶惶不安的董明珠决定换个生活环境,亲朋好友也都认为她应该出去散散心,于是积极促成了董明珠的南下。1990 年,董明珠辞掉了南京的工作,到深圳闯荡。因其当时特殊的心境,她不喜欢热闹喧嚣,只是希望有一个宁静的工作环境,平平淡淡地继续生活。深圳的蓬勃发展显然不适合董明珠当时的心境,一次偶然的机会,董明珠接触到了宁静的城市——珠海,于是决定留下来工作。当时的格力电器正在招聘员工,董明珠就应聘成为一名最基层的业务员。

当时的中国,改革开放带来了社会经济的快速发展,市场经济已经初露端倪，中国经济体制正处于由计划经济向市场经济的转轨中。无数新的行业在改革的阵痛中应运而生，对于许多人来说，大把大把的机会呈现在眼前。好强的董明珠在日复一日的辛苦工作中，心境渐渐发生了变化，她决定挑战一下自己。

1990年的格力电器还是一家投产不久，年生产能力约2万台的国营空调器厂。由于影响力小，企业的效益完全靠20多个业务员的嘴和腿完成。厂里考虑到董明珠对业务不熟悉，就让她先跟一个老业务员跑一段时间，熟悉业务，负责北京兼东北市场。

第一次出差正值烈日炎炎的7月份。当时的火车都是没有空调的绿皮车，坐在里面像是被放在蒸笼里一样，又闷又热。身体原本就比较虚弱的董明珠，一下火车就头脑昏沉、四肢乏力。经验丰富的老业务员一眼就看出董明珠是中暑了，马上帮她找了一个有空调的旅馆。

老业务员在旅馆柜台登记时，董明珠想先到沙发上坐一下。她摇摇晃晃地朝沙发走去，没走几步，就感觉眼前发黑，一头栽倒在地便不省人事。董明珠被老业务员扶到旅馆房间，一沾床就睡了过去，直到第二天才醒过来。柜台前的一跤摔得着实不轻，董明珠每走一步路摔伤的地方都钻心的疼痛。老业务员劝她在旅馆多休息两天，不服输的董明珠坚持要跟他一起出发。

业务忙完之后，热心的老业务员陪着董明珠到沈阳一家医院检查。一拍片子，大家都大吃一惊。董明珠这一摔竟然骨裂了！医生不住地打量董明珠，他始终不明白这个看起来柔柔弱弱的女人是怎样在这么多天内忍受如此剧烈疼痛的。而这就是信念的力量！

董明珠知道，是信念和热情让她变得如此坚强。正是因为有着这份不屈不挠的信念和对销售工作的极大热情，董明珠在半年的时间内做成了300多万元的生意，从什么都不懂变成一个对产品和市场都非常老练的业务员，熟悉了安装空调的房间面积、所处位置、窗口大小，应配置多大功

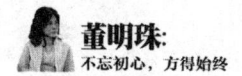

率、什么型号的空调，还有空调使用和维护等方面的有关知识。销售对她来说，已经不是一个陌生的概念，而是实实在在、具体的东西了。

事实上，做销售是面对一个复杂的市场，要和更多的人交流，让别人接受你的产品。因此，销售是一份很有挑战性的工作，它能充分地体现人生拼搏的一面。可以说，销售工作就是人生的一座高峰。在董明珠看来，热情是做好销售的最主要因素。她认为，既然选择了这个职业，就要热爱这个职业，努力去把该做的事情做好，每一个行为都要对自己的企业负责。

是的，每个人都希望有一天能飞黄腾达，都希望能登上人生之巅，享受随之而来的丰硕果实。遗憾的是，人们往往坚守不住自己的信念，总觉得顶峰是那样高不可攀，想象一下就已经足够了。董明珠的人生告诉我们：其实，人生没有什么是不可能的，只要你的信念足够强大。

同时，信念也来自能力。每当格力员工在工作和生活中遇到困难时，董明珠常常勉励他们：空有梦想和责任心是不能练就坚定信念的。倘若一个人以为梦想负责的心态开始拼搏之路，却没有足够的能力，那么他只能半途而废，或者在放任自流中离目标越来越远。足够的能力是练就坚定信念不可或缺的因素。逐梦者不能盲目地埋头苦干，而应该边奔跑边学习。在走向成功的征途中，坚持的过程本来就是积累的过程。积累是小步子增加，而不是大步子跨越。世界上很少有一步成功的奇迹，所以需要逐步积累，量变才能引起质变。而且，一步一步地积累，能使人不断获取成就感，不断得到鼓舞与激励，不断获得与困难作斗争的动力，进而坚持不懈地到达成功的彼岸。

人生从来没有真正的绝境。有人说董明珠是珠江三角洲少见的女强人，在她身上，单纯的信念靠着疯狂的热情去实现，任何现实似乎都不能阻挡她。在董明珠看来，无论遭受多少艰辛，无论经历多少苦难，只要一个人的心中还怀着一粒信念的种子，并用疯狂的热情去浇灌，那么总有一天，他能走出困境，让生命重新开花结果。真正的人生离不开磨难，一个人征服的磨难越多，其生命的分量就愈重。倘若希望人生的终点是一首欢快明朗的歌曲，就必须把人生路上的种种磨难当作成功的必修课，屡败屡战，愈挫愈勇。

治痼疾，破藩篱，处变不惊

《红楼梦》中，贾府最具战略眼光的三小姐贾探春在应对王夫人搜查大观园时说，"我们这样一个大户人家，单是别人从外面打是打不进来的，怕的就是自己人打自己人。"这个道理运用到企业经营上也很实用，最大的敌人在组织内部。古往今来，无论是组织还是个人，失败的源头都在内部，很多事情都是自己人提供情报，勾结外人，然后才会被人一枪打中，因为弱点只有自己人最清楚。

组织成员如果热衷于相互猜忌、相互较量，那么组织内部就会派系林立。这样的情况必定会造成组织的精力分散，氛围紧张；"大报告"充斥假大空，虚应故事；"小报告"方见真章，暗箭难防；人事频繁变动，终年人心惶惶。"窝里斗"行为使组织在无谓的内耗之中消耗了大量的精力和时间，工作效率和经济效益受到严重影响，甚至走向衰落和垮台。格力电器就曾经经历过这样一个混乱的时期。

1991年，46岁的朱江洪被任命为珠海市海利冷气工程股份有限公司的负责人。此时，海利是个十足的烂摊子，不仅企业规模小，产品销路不畅，而且产品存在严重的质量问题。产品内部钢管因为运输路途颠簸就会破裂，产品噪声太大，被客户形象地形容为"就像飞机在头顶不停地盘旋"。朱江洪满腔激情，准备给海利带来一个翻天覆地的变化。为了让产品在市场上有一个崭新的起点，他和两个助手闭门翻了一整天辞典，想出了一个新的名字——格力。为了提高营业额，朱江洪提拔了一大批有能

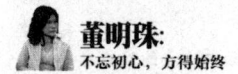
董明珠：
不忘初心，方得始终

力的基层业务员。董明珠在安徽1600万元的销售额吸引了朱江洪的目光，经过一番深入了解后，朱江洪决定重用董明珠。

1994年10月，董明珠结束了3年的业务员生涯，回到珠海格力电器总部，上任经营部副部长。格力电器是国有控股企业，关系网和利益网盘根错节，加之当时管理制度不到位，体制弊端日渐显现，随时都可能让众人数年打拼出来的大好局面丧失殆尽。扭转管理积弊的重任，落在了能干又"狠得下心"的董明珠身上。

董明珠上任之后，开始从自己起家的经营部进行整顿。在经营部里，迟到早退、喝茶看报、吃零食聊天都是多年的"传统"。董明珠一上任就抓内勤，把员工训得直掉眼泪。在原则问题上，董明珠可谓"六亲不认"。1995年格力空调货源紧张，一个经销商想通过董明珠哥哥的关系补充货源，答应给2%的提成。哥哥从南京千里迢迢赶到珠海，不料却被董明珠无情地拒之门外。之后，兄妹十多年没来往。

尽管员工和亲朋好友对董明珠的做法不理解、不配合，董明珠还是大刀阔斧地坚持改革。当时格力内部账务非常混乱。一张宣传单的市场价是0.2元，可格力电器付的价格是0.88元；公司花了450万元在机场租了一个广告牌，却是背朝着人流方向。"眼里揉不下沙子"的董明珠竟然向朱江洪要财权。基于对董明珠的信任，朱江洪将董明珠升为经营部部长。董明珠开始集中精力整顿公司财务问题。一些人觉得董明珠"多管闲事"，妨碍了自己的"财路"，联合起来企图轰董明珠下台。董明珠坚决不向世俗势力屈服，她和不诚信的经销商斗，和公司里有来头的"母老虎"斗，甚至和强硬的公司副总斗。

2001年，董明珠升任为总经理，上任后她就迅速撤换了一批不合格的中高层干部。于是，一场大战爆发了。那段时间，各上级部门接连不断地收到对朱江洪和董明珠的"举报"，表情凛然的调查组也不断地在格力电器进进出出。

这场大战其实就是公司内斗的大决战。公司内部各个部门联合起来攻击董明珠，致使董明珠的处境非常危急。俗话说："三人成虎"。一个人的诬陷可能经不起考验，众人的举报就会产生巨大影响。许多人劝董明珠向世俗势力妥协。然而董明珠却依旧淡定自如，因为她知道身正不怕影斜。

董明珠冷静地对待员工内乱，一面积极配合调查组的调查，一面有条不紊地处理公司日常事务。最后，朱江洪和董明珠没被查出问题，格力电器一位高层干部却因贪污被送进了监狱。并且，在这场大决战中，由于董明珠的处变不惊，格力的运营并没有受到丝毫影响。

公司发展到一定的阶段，就有可能出现员工之间拉帮结派，部门之间、员工之间不停地在为权力和利益斗争等问题。这些问题会造成公司的内耗。所谓"千里之堤溃于蚁穴"，内耗对于任何组织来说都是十分危险的。稍有不慎，组织几代人甚至十几代人的艰苦奋斗就会付之东流。因此，决策者要十分重视团队建设，严厉打击内耗行为，为员工营造一个和谐的氛围，让他们在一个团结一致的集体中安安心心地工作。

要减少内耗的危害，决策者必须做好以下几个方面：

1. 从事正当行业，合法经营

这是团队建设的基础。只有企业在健康的轨道上稳步发展，公司人员才能树立积极向上的价值观，大家才能对公司的事业建立信心。

2. 建立健全的公司制度，并严格按制度办事

企业管理就是解决一连串关系密切的问题，必须树立健全的规章制度，以便系统地予以解决，否则必将造成损失。制度完善，企业的各项事业才能够井井有条地进行，决策才能够更加准确明智，对市场的适应能力才能更强。

3. 领导人要处理好集权与分权的关系

过于集权，不利于调动各部门的积极性，也容易出现决策失误。过于

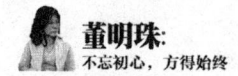

分权，各部门各行其是，形成多个小的权力中心，不利于公司协调发展，易于造成拉帮结派以及与之相伴随的一系列弊病。

4. 决策者要充分起到榜样作用

为人正派、作风民主、光明磊落、头脑清醒、平易近人是对公司决策者的基本要求。

5. 重视下级合理利益诉求

上下离心，还有很重要的一个原因就是下级的诉求得不到重视。因此格力畅通多渠道听取员工诉求。除了常规的总裁信箱、员工意见箱之外，在2021年5月，格力还模仿时下很火的脱口秀节目，开办了一场"格力脱口秀"，实际上就是"员工吐槽大会"，董明珠亲自参加。这都体现了公司领导层对基层员工意见的重视。

经得起诱惑，克制住欲望

空调行业本来就竞争激烈，加之市场不规范，许多业内人士都产生了错误的观念，认为一个企业的成功取决于某一些人，而不是集体的努力。有的企业更是把拓展市场理解为只要有营销人才就能生存，因而不惜代价、不择手段地进行"挖墙脚"活动，不断从其他企业，特别是对手那儿挖营销人才。

1994年，格力空调开始进入黄金时期，仓库存货一销而空。市场销售此时之所以出现一片大好的景象，与天气、环境是密不可分的。然而一些业务员却不考虑这些客观因素，主观上认为是他们个人的能力在左右企业的发展。他们无限度地膨胀自己，主观以为他们到哪个企业去，哪个企业的品牌就一定能够打响。在这种心态的主导下，这些业务员认为任何待遇加在自己身上都无可厚非。他们片面地追求待遇的提高，当公司给出的待遇没有达到他们的要求时，他们就会抱怨连连。格力"集体辞职"事件也就是在这种情况下发生的。

20世纪90年代初，市场经济还不成熟，各个企业中都弥漫着渠道为王的观念，认为只要有了销售渠道，企业就能做起来。因此，营销人员的地位被推崇得很高。这种观念也严重地影响到了空调行业。

格力的销售人员在提成制的激励下将产品打入市场，他们自己固然付出了很多，但也形成了一种误解：产品卖得好，不是产品好，而完全是销售人员的功劳。

当时，负责销售的格力副总认为，天气、环境、市场这些因素在助力产品销售方面微不足道，产品质量好也仅是打开市场的必要条件，而不是充分条件。营销的作用就在于将好产品推向市场，让消费者接受。因此，营销人员担负着企业的命运，营销人员在企业中的身价应该不断提高。

格力老总朱江洪却认为，销售策略很重要，但如果产品质量不行、款式不行、技术不行，要取得销售成功也是不可能的。然而，朱江洪是一个有气度的领导者，他没有计较自己的得失，对销售人员的待遇超过自身20倍甚至30倍这样的情况，他从来都不在乎。朱江洪的宽容无疑纵容了部分销售人员的自我膨胀。

当销售人员的自我膨胀越来越厉害、企业间的"挖墙脚"越来越激烈时，朱江洪认识到了自身决策的失误，决定采取缩减销售员提成比例的措施来弥补。在那个渠道为王观念盛行的年代，拿销售人员开刀，无疑是逆水行舟。这个决定像一颗扔进销售部门里的炸弹，立即引来了销售人员的反对。

格力一位负责分管销售的副总经理在对手企业的频频诱惑下，本身就在动摇，朱江洪的决策正好给他提供了一个契机，很快他就投身广东中山市另外一家空调厂。该厂向这位副总经理承诺的待遇比格力电器高出将近10倍，这一条件让格力电器营销部的其他人员最后集体跳槽而去。

1994年11月17日，格力空调1995年度订货会在珠海宾馆召开。紧

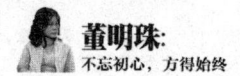

接着第二天，在中山的那家空调厂订货会上，以格力电器原副总经理为首，包括8名业务员、2名财会人员在内的11名人员集体亮相，他们不仅带走了格力原有340位经销商中的300位，还带走了格力的影响力和格力人的信心。

这次事件的确使格力经受了不小的打击，另一方面也不无其积极作用：首先，它使格力比别的企业更早、更深切、更清晰地体会和认识到了业务人员在企业发展过程中所起的作用和可能导致的风险，所以在此后的事业发展中，格力不再过分依赖业务人员的个人英雄主义做市场，而是侧重依靠产品的价值、集体的力量、组织的作用、品牌的威力求发展；再者，此次事件把才智过人的董明珠推上了格力营销的领导岗位，使朱江洪和她从此成为"黄金搭档"。

集体辞职事件让朱江洪意识到企业中层干部队伍的建立和稳定的重要性。朱江洪决定用民主选举的方式，选拔合适人才来彻底处理经营部暴露在管理上的缺陷和不足。当时，对格力始终忠心不二的董明珠成了最佳人选。董明珠接受这个烫手的职位与欲望无关，那是一份责任，一份对事业、对自己的忠诚。

人行走于四方之内、奔波于名利之间，总会与各种诱惑不期而遇，不知不觉就会被诱惑牵着鼻子走。"君子爱财，取之有道。"欲望必须被克制在一定的范围内。贪赃枉法的事不能做，背信弃义的事不能做，坑蒙拐骗的事也不能做。如此，人生才能轻松洒脱。董明珠抵住了200万元年薪的诱惑，选择对企业忠诚，赢得了领导的赏识和下属的尊敬。

重视员工对企业的忠诚度

随着市场竞争的日趋激烈，制约企业发展的瓶颈不再是资金，而是企业是否拥有一支一流的人才队伍以及怎样来吸引和留住人才。

企业在发展过程中，员工忠诚企业、企业忠诚员工是企业发展的基石。企业与员工之间的忠诚是相互的，利益是相互的，感情也是相互的。因此，企业中的忠诚必然包括两方面的内容：一方面员工立足本岗位敬业奉献，以忠诚企业为己任，在工作中释放最大的潜能，从中得到企业的认可，与企业实现共赢；另一方面，忠诚不仅只是员工对企业忠诚，企业对员工也要忠诚，企业运用好的内部管理方法建立起相对完善的企业管理制度，通过各种方式去激发员工内在的动力和要求。

格力电器在发展初期没有意识到员工对企业忠诚的重要性，因此发生了"集体辞职"事件，让企业险些走上覆灭。格力电器的这场危机成就了董明珠，也让她明白了员工忠诚于企业的重要性。可以说，这场危机是坏事，也是好事。以后的十多年里，董明珠从来没有忽视过对员工的关怀和激励。

在集体辞职事件发生时，董明珠已经凭借着勤奋好学成长为格力电器的"金牌业务员"。许多企业纷纷向她伸出橄榄枝，甚至有人向董明珠开出了年薪200万元的筹码。面对如此众多而又巨大的诱惑，董明珠没有动心，相反更坚定地站在了格力和朱江洪的一边，劝说准备跳槽的业务员重新考虑。她给出的理由是：（1）企业没有对不起大家的地方；（2）朱江洪是个好老板；（3）大家长期在一起，有感情。这三个理由显示了董明珠当时对环境的判断：比起利润，她更看重发展潜力；比起待遇，她更在意企业领导的好坏。

集体辞职事件让格力电器内部人心惶惶，严重影响了企业的运营。在留下的销售人员都摇摆不定的时候，董明珠陷入了沉思：是什么让自己愿意留下？而又是什么导致了销售人员的集体跳槽？

为了维持正常的运营秩序，格力老总朱洪江决定从基层人员中提拔一些表现出色的员工担任领导职务，一度被认定为"销售之星"的董明珠自然就被大家推举出来。新官上任，董明珠并没有春风得意，而是积极地采

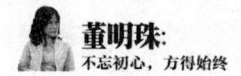

取补救措施，并为格力员工忠诚度建设事项寻找最合适的方法。在董明珠担任经营部部长之后，一系列改善员工与企业关系的措施就开始被制定出来，并付诸实施。

尊重员工是格力提高员工忠诚度的重要手段。众所周知，格力电器产品的技术含量非常高。要使产品的技术含量高就必须有创新，格力电器的创新不是来自部分高技术人才，而是来自全公司人的智慧。格力电器常年开展全员参与的合理化建议活动，每个员工都可以就技术创新、工艺改进等提出自己的建议，被公司采用的可以获得不同金额的奖励。这些合理化建议不一定完全"合理"，也不都是"很大"的创新，绝大部分都是"丁点"的改进，比如发现一个螺钉没有太大作用可以取消，或者螺丝长了可以截短，都可以获得奖励。这项活动的开展让员工的归属感得到大大提升。

良好的福利待遇，也是格力稳定人才的关键。格力电器努力为员工营造舒适的生活环境，解决员工的后顾之忧。为了保证员工的自身发展，为员工提供学习深造的机会，格力电器成立了格力技术工程学院，使90%以上的一线员工都具备大专学历，成为技能型人才。

另外，公司为员工购买养老、医疗、失业、工伤、生育等多种保险，并提供免费班车、免费午餐、节假日慰问金、中晚班津贴、工龄津贴、特殊工种津贴等各种福利。

如今的格力一派祥和，员工跳槽事件已经很少发生，这不得不说是董明珠的功劳。她总是说："留下来的才是最好的。"其深层意义就是能与企业共存亡的员工才是对企业能产生积极作用的员工。而如何才能让员工与企业共存亡呢？这就要看决策者有没有做到以下几点：

1. 树立"以人为本"的企业价值观

价值观对人有凝聚作用，并使人产生一种归属感。企业拥有完善而正确的价值观，就可以在这个价值的指引下，通过培训、教育去引导企业内部员工的行为，有意识地调整员工的个人需求使之与企业的远景目标相一致，形成企业发展的强大推力。董明珠认为，格力在生存和发展的每一个过程中，人力资源是处于首位的。因此，格力的企业价值观必须"以人为本"，信赖、尊重和爱护员工。

2. 以诚信为凝聚力

诚信是企业生存、发展之根本，企业内部良好的人际关系必须基于诚信来建立。人们常说："人无信则不立。"企业失去诚信将寸步难行，更不用谈员工的忠诚度。后来，董明珠在回忆起当初的集体辞职事件时说："诚信在企业中具有强大的聚合力，能够促进员工大胆地去创新、奋进，使他们在革新中无后顾之忧。"她指出，在一定程度上，企业要给员工犯错误的机会，在不断地试验、实践中为企业提供最新的产品技术、管理方法等，从而持续地增强企业参与竞争的优势。

3. 建立公平竞争机制

为了使企业员工有更多的发展机会，使他们不断地自我学习、自我提高，企业在择人、用人方面应充分挖掘内部人员的潜力。公平竞争机制是企业充分挖掘员工潜力的重要手段。只有在公平竞争的前提下，人才才不会被埋没，害群之马才会被剔除。因此，企业必须给予足够的重视。公平竞争机制包括公开选拔和民主监督。首先，晋升应打破企业内部的等级界限，充分挖掘内部的人才，公开招聘、平等竞争，让有能力的人员都参与进来，才能达到良好的效果。另外，为了绝对公平，监督制度也绝不可少。在董明珠看来，只有每位员工都能充分发挥自身才能、完美胜任当前工作，员工的心才能安定下来，才能踏踏实实地工作。如果企业充斥着"走后门，拉关系"的现象，人才就会被埋没，就会遭受委屈，就不能和企业并肩作战。

4. 建立健全的激励机制

增进员工对企业的忠诚感，目的是要在企业内部形成一种凝聚力，留

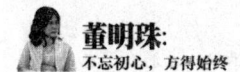

住企业真正需要的、符合企业价值观和发展的人才，提高他们对企业的奉献精神。因此，必须健全激励机制，激励的目的是调动员工的积极性，使个人潜力发挥最大化。对此，企业内部应采取相应的措施，如：员工职业规划、绩效管理、信息共享、末位淘汰、有奖建议等，这都能对企业员工产生较大的激励作用。而且激励不单是某一方面的问题，而是一个系统工程，应从企业的整体利益去考虑。

自信来源于责任

董明珠的招牌风格就是自信，强势的自信。董明珠说话声音洪亮，语速很快，语气中有不容置疑的自信，同时还让对手找不到可以胡搅蛮缠的漏洞。

董明珠说："我从来就没有失误过，我从不认错，我永远是对的。""只要你走进格力公司，就必须按照我的思维去工作。""谁违背原则，谁就是我的敌人。"在我们国家，一个企业领导人如此高调地评价自己，并不多见。董明珠的高调，不但没有受到人们的嘲讽，反而赢得了人们的尊敬。她之所以如此自信，甚至有些自大地认为自己的决策永远是对的，这来源于她高度的责任感。因为她的每一项决策，都是站在公司利益的立场上，为了公司的发展做出的。做决策的时候，她从来不会考虑自己的利益。

决策者是团队前进和发展的方向标，对团队成员的日常行为具有规范指导的责任和权力。管理者进行企业日常管理如同作战，胜则企业蒸蒸日上、茁壮发展，败则人心涣散、分崩离析。如果决策者在做出一个决定之前，不能全盘考虑尽量缩小风险和错误的可能性，对企业带来的危害将无法估量。一个决定上的失误，对个人来说可能没什么，但对企业来说，就可能酿成企业的灭顶之灾。因此董明珠说："我不能失误，我必须做出正确的判断！"

在格力，董明珠就像一枚炫彩的陀螺，在她的人生轨迹中不停旋转，每一次压力、每一次挑战、每一次认可都是她旋转的动力，在她的字典里没有"认输"这两个字，她执着地坚持一个信念，只要尽本分地把所有事情做到最好，就绝不会出现失误。董明珠说："我从来就没有失误过，我从不认错，我永远是对的。"这是一个企业家的自信，也是一个营销高手的自信。在自由竞争的市场上，自信是通往成功的必经之路。这份自信与霸气，源自她的每一个决策都是从公司利益出发，为了公司的发展经过充分论证后做出的决定。

董明珠是一个直截了当的人，她不会考虑对方的感受，不管任何场合、任何地点、任何时间，她都会很直率地说出自己的想法。强硬霸道的做事风格为她找来了"走过的路连草都长不出"的"恶名"。对于别人的评价董明珠都是一笑置之，她始终坚守着自己的原则：原则的东西不放弃，大事讲原则，小事讲风格；与人交往，只谈感情不谈工作，朋友间不能有生意上的联系。这份坚持是她自信的来源。

从1996年开始，董明珠带领23名营销业务员迎战国内某厂家近千人的营销队伍，夺得全国销量第一，而且没有一分钱的应收账款，其营销绝招至今还让人津津乐道，令对手口服心服，以至于有人亲自跑到格力，只为看看"董明珠究竟是个什么样的女人"。每一次决策的正确都来源于董明珠对格力的问心无愧，也正是这种问心无愧造就了董明珠过人的自信。

进格力之前，董明珠对营销完全是个门外汉，一窍不通。她最初的理想只是想换个生活环境，工作只是转移心中苦痛的一种方式。当她进入格力后，突然有了挑战自己的想法。格力负责人觉得她的教育背景更适合搞企业行政，或者到其他地方做一些相关的职务。但是，董明珠却选择了最具挑战性的销售业务。

董明珠的这种自信来源于她对工作的认真。虽然是个门外汉，对销售

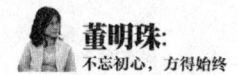

一窍不通，但是她认为"勤能补拙"，毅力和勤奋能够给自己带来丰厚的回报。身体虚弱的她跟着老业务员天南海北地到处奔波，摔伤致骨裂也没能阻挡她前进的脚步。终于，她在圆满完成了规定任务后，被公司派往安徽独当一面。

董明珠在晋升为经营部部长后，公开向上司朱江洪要财权。这样的行为在别人看来实在是太过狂妄。董明珠却有管好财务的自信。因为与那些只想着自身利益的高管不同，她的每个决策都是从格力的利益出发制定的，由她来掌管财务工作，损公肥私的现象肯定不会再发生。

作为企业的决策者，每一个战略决策都决定着企业的发展方向和生死存亡，达到"第一次就把事情做对"的境界非常有必要。"第一次就把事情做对"的要求，反映的是"变化之前的变化，视野背后的视野"，只有当一个人从全局角度进行战略思考时，他才有可能做出正确的决策。如果只是局限于局部的或者暂时的利益，很可能到最后才能发现自己开始的决策是错误的，一切都需要重新决策。虽然，"第一次就把事情做对"的要求过于苛刻，甚至有点不近情理。但是，每一位成功的决策者必须有这种自信，因为他们身上肩负着企业的命运，不能出现丝毫差错。

企业战略思维的形成是一个漫长的过程，它需要从平时工作的琐碎思维中抽离出来，一点一点地思考细节问题。经历了商场磨砺的董明珠认为，没有哪个企业领导的战略决策是一拍脑袋就做出来的，决策做出之前，决策者无不需要谨慎详细地思考。这个思考的过程就是决策者对企业负责的过程。只有经过深思熟虑的决策才是正确的决策，才能让决策者处处体现出自信。因此，不要以为董明珠的每一个决策是盲目自信，作为一个企业领导者，她非常清醒和明白。保持决策的正确性需要决策者做到以下几点：

1. 在法律的范围内进行决策

在法律范围内进行决策是保证决策正确性的基础。只有依法诚信经营，企业才能够在正确的道路上运行。

2. 保证公司制度的绝对权威

公司制度是公司健康运行的首要保证，具有最高权威。任何人都不能凌驾于制度之上，决策者在进行决策时也不能搞特殊，只有在制度范围内的决策才是有用的决策。

3. 充分考虑各方面意见

闭门是无法造出好车的。决策者只有广开言路、听取各方面的意见，才能保证决策符合公司具体情况。

有了自信，你才能够感觉到自己的能力，其作用是其他任何东西都无法替代的。坚持自己的理念，有信心依照计划行事的人，比一遇到挫折就放弃的人更具优势。企业的决策者必须有这样的自信，百分百地相信自身的能力。董明珠的自信来源于一次次成功的鼓励，不管做什么事情，她都要做得最好。正因如此，董明珠自信自己不会做错事。总之，只有充分相信自己能够带领企业走向辉煌，决策者才能尽最大的努力保证决策的正确性，从而增加新的信心。所以，自信来自责任，自信让决策者能够承担起应有的责任。

考虑他人利益，才能获得长远大利

经销商是中国市场上既传统又中坚的渠道力量，在生产厂家和消费者之间发挥着桥梁作用。生产厂家的产品只有通过经销商的转手才能到达零售商和消费者手中。生产厂家得不到经销商的支持，其产品就意味着没有市场，厂家的盈利目的就无法实现。

一般来说，将生产厂家与经销商之间的关系形象地划分，可以分为两种：油水和鱼水。处于"油水"关系中的厂商双方只注重眼前的相互利用，为了自身短时间的利益而宁愿损害对方的利益，其结果是厂商关系遭

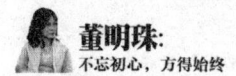

到破坏，最终两败俱伤。而处于"鱼水"关系中的厂商双方是相互信任的合作伙伴，在照顾双方利益的前提下实现同步提高，最终达到双赢的目的。

董明珠在处理与经销商的关系时，明智地选择了"鱼水"关系。她不仅不企图以高昂的出厂价从经销商那里获得利润，反而处处为经销商着想，严格维护经销商的利益。可以说，与经销商的"鱼水"合作是董明珠一步步打开格力全国销售局面的法宝，经销商们纷纷表示："做格力的产品最省心，最舒心，最放心。"

当初，经过初步的训练之后，表现优异的董明珠被调到了安徽市场，开始独当一面。当时的安徽市场并没有打开，仅有的几项合作也都是以赊账方式进行的。因此，董明珠来到安徽市场的第一件事就是追债。四十多万元的货款，董明珠经历千辛万苦才全部追回。下一步，更为艰难的计划，那就是打开死气沉沉的安徽市场。

正如董明珠估计的那样，安徽市场的销售工作举步维艰。几家大型的经销商，不是对"格力"没有什么印象，就是印象非常不好。董明珠总结了前几次失败的教训，决定有选择性地找到一个突破口。她提醒自己，必须掌握谈话的主动权，细心观察对方的反应，关键时刻，不能太固执己见，可以退让半步。

再一次整装出发，她遇到一位女经理。对方年届中年，体态丰腴，相貌忠厚，但也不乏商人的精明。董明珠心中暗喜：女人跟女人打交道比女人跟男人打交道容易找到共同语言，或许这笔生意能够拿下。欣喜之余，董明珠还是暗示自己：要稳住，在不得已的关键时刻，再做下一步的工作。

董明珠在回忆她的这段销售经历时说："介绍完自己之后，我抓住主动权，先不谈付款方式的问题，一个劲地开始介绍我们的空调质量如何过硬，用户如何满意，只要进我们的货，保证你们能满意。"

女经理听了董明珠的一番话后，不动声色地说："别光听你说，先进20万元的货试试，好销再多进货，不好销就不要了。"董明珠心中一紧，听女经理的意思还是要赊账提货，如果这样她苦苦清零的安徽市场账务又要陷入混乱，而一个销售员不能将过多的精力浪费在追债上。

董明珠没有慌乱，而是和气地说："我们公司有规定，要先付款后发货。但我们第一次做生意，凭直觉，我觉得您比较可靠，政策可以放宽些。您先付一半的货款，我马上安排货源。假如货到了卖不完的话，剩下的我会无条件地给您退款。如果您有什么不放心的地方，尽管提出来，我们在签订合同时，可以在文字上将此表述清楚，我们愿意承担法律责任。"

事实上，董明珠的做法已经是退让一大步了。她站在经销商的立场上考虑问题，明白第一次合作如果全额付款，对经销商来说是一种冒险，所以，提出付一半款项的合作方式。或许是被董明珠的真诚打动了，女经理思考片刻之后说："分两次太麻烦，还是给你20万元吧。董小姐，我信任你，希望你也能信守诺言。"

就这样，董明珠在淮南的第一单生意做成了！货发到淮南之后，董明珠并没有置之不理，袖手旁观。当董明珠了解到这家经销商以前并没有涉足空调行业，格力空调算是他们打开空调市场的第一仗时，董明珠决定帮助他们。当时的格力根本没有能力打广告，而仅仅在商店里摆着销售，是没办法顺利推销出去的。左思右想后，董明珠首先动员女经理发动员工，把产品推荐给他们的亲戚朋友使用，通过使用者的现身说法来打开市场。

1992年的夏天，这家电器商店20万元的空调销售一空，再进货时女经理主动说："你放心，我们还是老规矩，先付款后发货。"

通过董明珠打开安徽市场的案例，可以知道经销商不是生产厂家销售业务上的一颗棋子，而是其销售业务的帮手。只有与帮手建立起互惠互赢的关系，实现厂家与经销商风险共担、利益共享的一体化经营，才能够

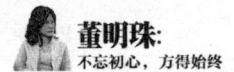

让他们全心全意地帮忙。那么，如何获得经销商的青睐，建立长久稳定的"鱼水"合作关系呢？决策者必须做到以下几方面：

1. 充分掌握经销商信息

在市场开发过程中，销售人员要充分掌握经销商的各方面信息，包括经销商的个人信息、销量情况、经营情况、库存情况、问题记录、主要销售产品、维护办法等等。有条件的话，销售人员还可以将经销商的信息整理成档案保存。只有充分掌握经销商的各方面需求，销售人员才能有针对性地提供服务，才能与经销商达成合作，并维护合作关系。

2. 追踪服务

根据经销商的重要程度有计划地进行拜访沟通工作，定期对合作经销商回访沟通，了解经销商在经营过程中存在的问题和对公司产品、服务、政策、广告等方面的意见和建议。

3. 对经销商让利

在市场开发过程中，厂家对经销商的利益要有绝对的保证。经销商从生产厂家购买商品并不是留作己用，而是转手卖出去。因此关注的更多的是其间的利润差额。如果生产厂家的产品符合消费者的购买心理，市场需求量大，营销手段又能使经销商从中获利，经销商就会趋利而来，从而实现企业与经销商的共赢；否则，企业将发展无望。另外，采取"同一市场总经销只能有一家""同一市场不能存在多家经销商""对市场零售价格统一规定"等各方面的措施保证经销商的利益也是必要的。

4. 协助经销商解决销路问题

在市场开拓初期，在没有市场基础的情况下，要加大市场占有率，在经销商现有的分销渠道以外，帮助客户进行新渠道开发建设。从而从销路上给予经销上支持，解决销路问题。

5. 经销商员工培训及经销商管理

厂家应该提供对经销商员工的培训，保证其对产品的充分了解；制定统一的经销商管理办法，引导经销商符合公司的各项制度要求和市场机制有效运作；定期召开经销商会议，增强经销商的忠实度。

格力十分重视与经销商的长期合作关系，严格践行着以上几项措施，为经销商提供人力、物力、财力、管理和方法等方面的支持，以确保经销商对格力的信赖。格力在与经销商的合作关系上不断创新。2008年，格力通过转让10%的股权引进格力经销商作为战略投资者，与经销商建立一种产权关系，从制度上将经销商与格力电器的利益牢牢捆绑在一起。这一举措充分调动起经销商的积极性，有利于厂家和渠道建立更加和谐、共赢的战略合作伙伴关系，进一步提高格力电器的市场竞争能力，同时也能更好地保护"格力"这个民族品牌。

作为一个企业家，董明珠能够达到现在这样的高度，可以说，跟她的眼界、格局有着很大的关系。

董明珠开始在格力崭露头角是从成功追回四十多万元债款开始的。而这四十多万元实际上跟董明珠毫无关系，是上一任格力销售业务员的遗留问题。因为是遗留问题，对董明珠来说完全可以放下不管，按公司的惯常做法，完成她自己的指标任务就行了，同时也从个人的利益上得到应得的回报。但是董明珠却站在为企业负责的高度，凭借坚毅和死缠烂打，40天追回了这四十多万元。这让当时的总经理朱江洪对董明珠刮目相看，从而进入公司领导层的视线。而董明珠也借此打开了安徽市场。

后来，董明珠为了公司业务的发展，接下了业绩平平的南京市场，也打了一个漂亮的翻身仗。再后来，同样是为了公司的发展，董明珠让出了凝聚自己心血的安徽市场，全力开拓江苏市场，不长时间又做出了出色的成绩。

1994年5月，在中国空调史上有名的第二次价格战中，董明珠跟朱江洪打电话建议说："南京暴热，相信长江一线很快就会跟着热起来。武汉、重庆得加紧发货。"尽管那时董明珠还只是格力驻江苏的业务员，武

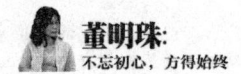

汉、重庆不关她的事，但她觉得自己是企业的一员，凡事应该从大局考虑。

由于她的出色表现，1995年，董明珠成为格力的销售经理。

成为销售经理后，董明珠大刀阔斧改进格力的销售网络、渠道、方式等，使得公司的销售有了更大的突破，但是销售的火爆，也把公司存在的一些问题暴露了出来，特别是财务问题，存在很多漏洞。于是董明珠跑到朱江洪那儿，要求把全部的对外财务归她管。先不说这样的要求合不合国企的财务制度要求，就是合乎要求，也要明白在任何单位，财权和人权都是最为敏感的话题。更何况，董明珠当时只是一个小小的销售经理，距离能够拥有财权差了不止一个层级。但是，朱江洪懂得董明珠的公心，明白她不是在为自己争权夺利，而是为了企业的长远发展。于是，朱江洪拍板答应了董明珠的要求。可以说，在这件事上，朱江洪和董明珠都表现出了自己的大格局。也正因如此，格力在后来的几年中得到了快速发展。董明珠也凭借自己的出色业绩，先后历任格力电器经营科长、副总经理、总裁兼副董事长、董事长等。

在董事长任上，董明珠的格局、眼界进一步提升，她的一些理念、做法已经超出了格力一个企业的成败得失，而是站在行业、国家的层面上来处理问题。最为著名的就是2019年6月实名举报奥克斯，引起业界一片哗然。要知道，同行之间这样赤裸裸地直接点名举报前所未有，格力开了先河。一时间各种声音扑面而来，说什么的都有：有人说格力和董明珠这是恶意竞争，为了打击对手无所不用其极；也有人说董明珠是多管闲事，质量问题自有工商部门和质量监督部门来管……但是，无论站哪一方，都不得不承认一个事实：奥克斯确实涉嫌能效虚标。涉嫌能耗虚标（宁波市监管局委托专业第三方机构对相关机型进行鉴定，确认其中一款机型能耗虚标。2020年4月10日，宁波市监管局对奥克斯空调"利用能源效率标识进行虚假宣传"作出"责令改正"和"处罚款十万元"的行政处罚决定)。这也从另一个方面看出了董明珠的格局：在其他厂家的竞争停留在价格战、营销技巧、宣传口号层面上的时候，她抓住最根本的一点：你质量不行，欺骗消费者，从更高层面上打击对手。

从董明珠的成长历程中我们可以认识到：一个人的格局决定了他最终能达到的高度。那么我们应该怎样提升自身的格局呢？

首先，我们要有更为广阔的眼界，从更高层次来看待一件事。井底之蛙和飞天之龙看到的世界是不同的。眼界决定了一个人能看多远，看多深。同样一件事情别人只看到这件事情的表层和当下这一刻的影响，而大格局的人却能从更长的时间维度和更大的空间广度去看它，从而能够看到这件事情背后的动机和本质，进而预测到事物的发展走向。同样是在1994年的第二次空调行业的价格战中，以科龙领先开始降价开端，然后大小厂商纷纷跟进。但是董明珠清醒地认识到，企业竞争打到竞相压价的地步，从长远来看对企业、商家、消费者都没好处，因此格力没有参与混战，最后在市场回暖时获得了很高的回报。具体到我们每个人来说，不一样的眼界，决定了你对同一件事会有不同的看法。比如你怎样看待目前的工作？它是一个跳板？一个纯粹为谋生的工具？还是你整个人生的事业？再比如，你怎样看待所在公司存在的管理问题？坏透了？还行？还是企业发展过程中的普遍现象？眼界不同，你对它的认识也会不一样。认识不同，你对它的处理方式也会不同。

其次，要想提升自身格局，还需要有更高的站位。同一件事不同的人有不同的解决方式，细究其中的原因，除了个人经验、水平的差异，很多时候，还是自身站位不同而造成的不同。你把自己放在哪一个群体，站在哪一个层次，也就是说"站位"不同，决定了你在遇到一件事情的时候，会怎样去认知，怎样去处置。我们前面讲到的董明珠还是江苏的业务员的时候，就站在公司的角度，建议公司尽快向不属自己分管范围的武汉、重庆发货，这就是站位的不同。在处理一件事情时，你是站在自己的角度，

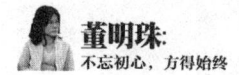

还是站在你所属部门的角度，还是站在公司的角度？再扩大一些，还是行业的角度、国家的角度？不同的站位，决定了你做事情的出发点，也决定了你在社会关系中所扮演的角色，成为你决定选择时的衡量因素。拿到现实中，你定位为老板还是总监，定义为行业第一，还是混口饭吃，这些都决定了你思考问题的出发点，它决定了你思考问题的深度和广度。如果作为老板的话，你要考虑的是公司整体的运作、人事安排、经营业绩等多方面，但是如果你是生产总监的话，只需要考虑本部门的生产、质量、出货日期就可以。你希望成为行业第一，那么一开始你就要对整个行业有一个整体的认识，能够做出战略性的总体把握，坚决不会去做那些短期能给你带来利益回报而损害长远发展的事情。如果你只是想混口饭吃，必然思维放窄，只想着明天或近期的计划安排，不会去考虑更多宏观层面的问题。所以我们常说的顾全大局、为了人民利益等等，并不只是高大上的套话，而是众多现实的总结。而从这里我们也能得到启示，要想获得更高的高度，你首先要有更高的站位。你一切都站在自身的角度，以自己为中心，那么你一定不会达到更高的高度。

这一点我们刚踏入职场的年轻人特别需要注意。比如有些年轻人的工作信条就是公司给我多少钱，我就做多少事。实际上，这种心态最要不得。这是一种付出就想马上得到回报，或者说付出就想立即变现的心态。总的来说，你要想达到更高的高度，首先要用这个高度应有的心态、思维来思考和处理问题。

总之，只有大格局，才能站得更高，看得更远，做得更大。

第二章

因为专一，所以专业

  如果说格力在经营上取得了骄人的成绩，首先是格力在发展战略上取得了成绩。这种成绩突出地表现在他们对专业化战略认识上的深刻，贯彻中的坚定和实践中的准确把握。格力只做空调，因为专一，所以专业，当很多企业为了利益而走多元化道路的时候，格力却埋头潜心研究空调技术，真正为消费者提供了高品质的空调。

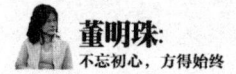
董明珠:
不忘初心，方得始终

专业化铸就核心竞争力

缺乏知名度的中国品牌，要想在激烈的市场竞争中占据一席之地，要么通过打价格战获取微薄的利益，要么就是进行贴牌生产。所谓贴牌生产，就是为知名企业代工，这是企业成长时期无奈的选择。通过为知名企业代工，可以完成企业的资本积累，也可以提升企业的生产工艺和管理水平。但是，代工企业在产品的生产流通中始终处于劣势，获利很低，抵御风险的能力非常弱。因此，中国品牌要想走向世界，就必须有自己强有力的品牌。

格力之所以从一个默默无闻的品牌成长为"世界名牌"，主要原因是企业始终坚持自主创新、自主品牌的专业化道路。董明珠说："无论市场环境怎么变，专业化没有'天花板'效应，因为技术总会不断往前走，总会有不断的创新出来。"

曾经的格力，和大多数当时的中国企业一样，凭借制造成本低的竞争优势，为松下、大金、惠尔普、西门子等多家跨国公司做代工生产。然而，格力人并不满足于产品上"中国制造"的标签，而是追求"中国创造"。克服了多元化的诱惑，没有为概念战、价格战所迷失方向，格力选择了专业化的发展道路，把所有的人力、物力、财力都投入到了空调产业中，并在产品的质量和技术上精益求精。

二十多年来，格力电器坚持走专业化生产空调的发展道路，以过硬的产品质量、领先的技术性能、完善周到的服务赢得市场。2005年，在家电行业不景气、不少家电企业效益大幅滑坡的背景下，格力逆市飘红，销售额超过182亿元，其中家用空调销量突破1000万台（套），跃居世界第一。2006年上半年，格力电器海外市场的销售收入近40亿元，同比激增7.67%。格力的品牌优势开始凸现，国际市场显然已经成为格力电器业绩增长的一大亮点。

至今，格力已开发出包括家用空调、家庭中央空调和商用中央空调在内的 20 大类、100 多个系列、3000 多个品种规格的产品，空调品种规格之多、系列之齐全居全国同行首位。至此，格力空调已经奠定了国内空调市场的领导者地位，格力品牌已经深入人心，并以"好空调，格力造"和"买品质，选格力"著称国内空调市场，在广大消费者中享有很高的声誉。

一个曾经年产量不过 2 万台窗机的小企业，是如何成长为产能超过 4000 万台（套）（2020 年数据，非正式数据，有误差）的世界名牌企业呢？答案就是"专业化铸就核心竞争力"。目前，格力销售网络遍及全球 100 多个国家和地区，全球用户已经超过 4000 万，其中自主品牌已在 60 多个国家和地区销售，并进入了许多国家和地区的主流销售渠道。

格力如今的成绩证明了格力电器坚持的专业化战略的成功，它也因此能在空调行业中后来居上，迅速成为可与春兰、海尔、科龙等品牌相互抗衡的著名企业。2011 年，格力变频空调的关键技术获得了 11 项国家授权发明专利，1 项公开国际发明专利。这是空调技术领域的一个历史性的突破，格力不仅超越了国内同行水平，也超越了国际同行水平。那么，格力集团的专业化经营战略究竟包括哪些内容呢？

1. 市场开发战略

格力的市场开发战略一直都是重点突出。在成立之初，格力着重开发知名空调企业尚未开发的市场。有了一定的基础和经验之后，格力的市场开发重心开始发生变化，即在巩固原有市场的基础上，进一步向国内影响较大的城市，如北京、广州、南京等地发展，同时逐步进入海外市场。格力在实施这一战略的过程中，所运用的主要策略是重点经营专卖店，通过良好的售后服务保证顾客利益。

2. 产品开发战略

格力产品开发的最大特点是一切以市场为导向，适应市场需要，同时又根据未来发展潮流创造市场。适应市场需求方面,格力"思消费者之所思",先后开发出"空调王""冷静王"、三匹窗机等系列产品。在创造市场方面,格力开发出灯箱柜式空调、家用灯箱柜机、三匹壁挂机、分体吊顶式空调、分体式天井空调等等一系列独具特色的产品。

3. 市场渗透战略

格力市场渗透的主要方式:扩大生产规模;降低产品成本;扩大市场份额;广告宣传。格力的广告主题侧重于信誉与品牌,"好空调,格力造",以实实在在的质量与服务来赢得顾客。建立以专卖店和机电安装公司为主的销售渠道,形成销售、安装、维修的一条龙服务活动,并与经销商互惠互利,长期合作。科学管理,严格保证产品的质量,使之在市场选择中得到顾客的信任。

其实,任何企业在发展到一定阶段的时候,都会面临发展方向"多元化"和"专业化"的考验。"多元化"和"专业化"的发展战略各有利弊,如何取舍在于企业的具体情况和发展目标的制定,以及所具备的核心竞争资源。无论选择哪一种发展战略,最重要的是一贯坚持和认真执行,将这条道路做"精"、做"深"。格力电器自从选择了"专业化"发展战略以来,专注于空调的技术创新,专注于精品意识的培育,专注于品牌含金量的锻造,专注于产品可靠性的试验和研究,专注于不同气候环境下的产品适应性的提升,在专业化的道路上不断进行更深层次的探索。格力集团以专业的态度、精深的技术,坚持做到把质量隐患消灭在售前,从整体上增加空调产品的高科技含量,满足区域市场对产品的特殊技术要求。

当然,专业化的发展战略也有其劣势。专业化不利于资源、技术的最优化使用。另外,那些搞多元化的企业,如果某一个业务失败了,还有其他业务可以补充,可是走专业化道路的企业就不行,一旦业务做不好,就会全盘皆输。在许多人看来,格力走专业化道路无疑是"自断后路"。然而,董明珠却坚持带领格力人走专业化道路,她认为:"企业要有长远打算,甚至有时候要有敢于失败的韧性。经历的失败越多、尝试的方法越多,能得出结果的可能性才会越大。从长期看,格力的研发项目如果有20%成功了,我们就很高兴了。"

对此,董明珠说:"专业化是格力最突出的经营特色,也是格力实现技术创新,抢占市场制高点的关键,专是为了精,也只有专才能保障精和高。"董明珠认为企业要想长盛不衰,甚至成为百年企业,必须将技术、质量、管理与销售有机结合起来,形成合力。

改革开放以后,面对市场的诱惑,春兰、华宝等原来市场领先的空调品牌渐渐沉寂。而强调专业化,用工业精神指导中国制造行业的格力已经走在了行业的前列,验证了格力实业为王发展路径的正确性。其实,格力也面临过多元化的诱惑和别人的劝解,但是一直坚持专业化进程。因为,格力的决策者董明珠是一个信念超强的执着追梦者。

我只想做一件事,格力也是

在记者问及"不少家电厂商选择了多元化投资,格力为何能坚持做专业化中的多元化"时,董明珠给出这样的答复:"很多企业多元化的目的,是另一个行业赚钱更多。我觉得这样太急功近利。如果企业的发展、技术领域的突破需要多元化,那它肯定是有价值的。我觉得一个优秀的企业不是依附别人去赚取利润,它更多的是创造,在行业里引领别人。它的目的并不是要做一个强者,而是以'为社会能做更多贡献'的思维去做一个企业。所以从这个角度,我觉得格力电器已经实现了一个产业链的多元化。格力电器走一个方向就一定要走到高端,往能够改变别人生活的方向去做。而在职能领域里面,格力只做空调,绝对不会做地产或者其他项目。"

董明珠是这样说的,也是这样做的。在她的带领下,格力电器在十几年的时间里只专注于空调制造,"倾心倾力做精致空调"。"每个人、每个企业都有不同的位置，我只想做一件事，格力也是。"这句话一直是董明珠的座右铭。每个人心中都有理想。有理想就必须要执着。执着是锲而不舍地追求，是百折不挠地探索；执着是热情的投入，是无私地付出。理想因执着才能成为现实。董明珠和格力电器正是意识到了这一点，才在漫长的二十多年时间里，在种种的诱惑下，在众人的不理解和恶意中伤中，执着于空调制造事业。

正是这份执着让格力能够抵挡住"多元化"的诱惑，将全部精力投放在空调制造上，才能制造出优质、精致又掌握核心科技的空调；正是这份执着让格力把众人的不理解或者恶意中伤转化成动力，不断地从核心科技掌握程度、市场占有率、消费者满意程度上去证明格力走"专业化"道路的正确性；正是这份执着让格力一步步走向强大，走向高端。

对于"只做空调"的承诺，格力电器从没有失信过。顶着来自兄弟公司和母公司的巨大压力，格力电器还是依然坚持"只做空调"。

不管做什么事情，哪怕再小、再不起眼、再不需要什么技巧与能力，也要恒久地做到位、做扎实。做好一件事、一项工作很容易，难的是每天、每月都把要做的事情做好，而且在巨大的压力下还能把事情做好。一个人就是在追求日常工作的完美中成熟和进步的。简单的事情重复做，一个人就成为专家，一个企业就成为专业企业。这种日复一日地把事情做好的品质就是专注。

专注是一种可贵的品质。一个专注的人，往往能够把自己的时间、精力和智慧凝聚到所要干的事情上来，最大限度地发挥积极性、主动性、创造性，努力实现目标。因为专注，我们增长才干，完善自我；因为专注，我们激发潜能，开拓创新；因为专注，我们获得成功，赢得光荣。专注成就了格力电器在空调行业的巨大成就，正是这份专注、这份执着，格力电器才能够最大限度发挥自身的创造力、爆发力，才能够成为空调行业的领军企业。试想，倘若格力空调采取多元化发展战略，进军各个家电领域，那么，它将不会有足够的精力去在质量和核心科技上深挖，今天的格力电器也不会骄傲地说："格力，掌握核心科技。"

不把鸡蛋放在同一个篮子里

哈佛大学商学研究院著名教授迈克尔·波特在《竞争战略》一书中明确地提出了三种企业适用的竞争战略，即：总成本领先战略、差异化战略和专业化战略。波特指出："这些战略类型的目标是使企业的经营在产业竞争中高人一筹。尽管有时企业追逐的基本目标可能不止一个，但是这种情况实现的可能性是很小的。因为有效地贯彻任何一种战略，通常都需要全力以赴，并且要有一个支持这一战略的组织安排。如果企业的基本目标不止一个，则这些方面的资源将被分散。"可见专业化战略是一个重要的企业竞争战略。

企业的专业化发展能够以更高的效率、更好的效果为某一狭窄的战略对象服务，从而超过在较广阔范围内竞争的对手们。波特认为这样做的结果，是企业或者通过满足特殊对象的需要而实现了差别化，或者在为这一对象服务时实现了低成本，或者二者兼得。这样的企业可以使其赢利的潜力超过产业的普遍水平。这些优势可以保护公司抵御各种竞争力量的威胁。

专业化战略是一种避免全面出击，平均使用力量的创业发展战略，更是一种进行产品和市场的深度开发，促使企业获取增值效益的企业竞争战略。这种专业，是一种从竞争的态势和全局出发的专业。专业的出发点和落脚点是为了争得竞争中的有利形势和主动地位。专业的思路要求我们把有限的人力、财力、物力，集聚在某一方面，力求从某一局部、某一专业、某一行业进行渗透和突破，形成和突显出局部优势，进而通过局部优势的能量累积和市场的深度开发，争得竞争中全局的主动地位和有利

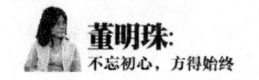

形势。

珠海格力电器股份有限公司是唯一一家坚持专业化经营战略的大型家电企业。作为中国家电行业的领跑者，格力电器多次承诺"只做空调"，将所有的时间、精力和智慧放在制造精致空调上。2002年，珠海格力电器股份有限公司以7.959亿美元的营业收入、0.33亿美元的净利润，以及6.461亿美元的市值再次荣登该排行榜第46位，入选国际著名财经杂志美国《财富》"中国企业百强"，成为当时连续两年进入该排行榜的少数家电企业之一。格力电器以其自身的经历和业绩充分显示了专业化经营的魅力。

然而，许多业内人士对专业化的经营并没有一个清晰的认识。于是，他们或者东施效颦，或者对格力指指点点，始终领会不到格力专业化经营的精髓。他们将专业化战略当成"一篮子鸡蛋"的战略。他们认为，"多元化战略是把鸡蛋分放在多个篮子里，而专业化战略是把鸡蛋放在了一个篮子里"。其实，格力的专业化战略并不是"一篮子鸡蛋"的战略，而是另一个层面的"多篮子鸡蛋"战略。

因此，格力电器不仅不是把鸡蛋放在一个篮子里，而是同样的要把鸡蛋分放在多个篮子里。这里的鸡蛋指的是空调的核心科技、品牌、性能、外观等各个方面。所以，格力电器的鸡蛋是进行了市场扩展的鸡蛋，加进了科技含量的鸡蛋，具有了产品增值效应的鸡蛋，这就从根本上提升了企业的竞争能力。格力电器的这种发展战略其实是在专业化的大方向上深化出多元化。毕竟，现代市场经济呈现出多元化和专业化并存的局面。企业要更好地适应市场经济的发展，就必须在专业化和多元化之间寻找结合点。这种结合必须既能保证企业精力不被分散、企业秩序不遭破坏，也能保证企业规避风险的能力。

格力电器以其实际经历一次次地证明着其发展战略的正确性。2002年，当不少厂家都在为产品的出路犯难，甚至为吸引消费者的眼球不惜举起降价大旗的时候,珠海格力电器股份有限公司向北京、广州、上海、重庆等大中城市,投放了一款高档豪华的空调新品"数码2000"。这种逆势而行的做法,引起了众多质疑。首先,"数码2000"是一款高档豪华空调,价格昂贵。在众多厂家都让利出售的时候,格力电器却推出这款价格昂贵的空调,无疑是自寻死路;其次,消费者对新产品需要一个心理接受时间。在淡季时,消费者对空调投入的注意力少,心里接受时间就会变长,新品"数码2000"的销售将难上加难。

然而,"数码2000"却没有辜负格力人的期望,以其智能化的人体感应功能、安全环保的一氧化碳监测功能和独具匠心的外观设计,受到了各地消费者特别是中高收入阶层的空前欢迎,掀起了一轮淡季空调市场少有的抢购热潮。

为什么价格昂贵的格力"数码2000"却能在淡季热销呢?格力电器在官方网站上给出了详尽的回答:就因为格力"数码2000"已经不再是"一篮子普通的鸡蛋"。

它的过人之处在于采用了世界独创的人体感应和一氧化碳感应两项新技术,使空调步入了感性化时代,具有了智能化和环保两大优势。当你推开家门,不用动手,空调就会自动开启,徐徐凉风或阵阵温暖随之而来;你忘记关空调或房间没有人活动时,空调会自动关机;空调还能感知室内有毒气体一氧化碳的含量,当其即将达到危害人体健康的浓度时,会自动连续不断地发出阵阵蜂鸣般的警报声,提醒你注意打开门窗通风换气,以降低"煤气中毒"现象发生的危险。

不仅如此,格力电器还将"彩色背光液晶显示技术""塑料外观电镀镶件技术"以及"直流变频技术"等国际领先技术在世界上首次运用到了格力"数码2000"上。

凝聚了众多新技术的"数码2000"这款新品,历经5年的技术攻关潜心研究和360多天恶劣环境的可靠性试验,不仅功能卓越、外观精美,

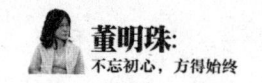

而且其稳定性技超群雄。

总之，格力电器完善的专业化战略，具有以下几方面的优势：

1. 以特殊的服务范围来抵御竞争压力

专业化战略往往利用地点、时间、对象等多种特殊性来形成企业的专门服务范围，以更高的专业化程度构成强于竞争对手的优势。格力电器选择"空调制造"这一单一业务，就能规避其他家电制造企业带来的竞争压力。倘若格力电器除了生产空调，还涉及冰箱、洗衣机、微波炉等其他家电领域，那么，它将面临来自海尔、新飞等众多家电企业的竞争压力。

2. 可以将优势继续扩大

专业化战略是一种高端战略。选择专业化发展道路的企业必须拥有一定的优势，这种优势能够保证企业即使生产单一的产品也会拥有较高的市场占有率。而反过来，专业化发展战略能够不断扩大企业的优势，因为企业将集中全部的时间、精力和智慧去深化自身优势以在竞争中取胜。格力电器通过"代工"的形式积累了空调制造的技术和经验，在这些优势的基础上格力电器集中精力生产空调，并不断深化制造技术，从而发展成为一家掌握核心科技的大型企业。

3. 以攻代守

当企业受到强大的竞争对手全面压迫时，采取专业化战略以攻代守，往往能形成一种竞争优势，特别是对于抵抗拥有系列化产品或广泛市场的竞争对手明显有效。任何企业的精力都是有限的。业务面太宽，必定造成业务不精。而采取专业化发展战略的企业犹如一把利剑，剑面狭窄，却很锋利。

格力电器二十多年的发展事实证明了董明珠"专业化"决策的正确性。面对空调市场混乱无序的竞争，一贯坚持专业化经营的格力电器，不仅产品已涵盖了家用空调和商用空调领域的15大类、50多个系列、1500多种品种规格，成为国内目前规格最齐全、品种最多的空调生产厂家，形成了业内领先的主导优势，而且充分地显示了该企业的专业化技术积累、雄厚的技术开发实力和经济效益再增值的潜在能力。

当然，事物都有两面性，我们在看到专业化优势的同时，也不能忽略过度强调专业化而导致的潜在风险：

首先，专业化最大的问题就是市场风险。专业化意味着对专业市场的依赖程度高。把企业的未来押在某一专业领域，当所在行业的市场出现问题，比如开始衰退，或者出现替代产品或服务，会对相关企业造成致命冲击。拿格力来说，如果只强调专业化，那么它所处的市场就仅仅是空调市场，一旦这个市场出现问题，实际上问题已经出现了：存量市场逐渐饱和，新兴市场增长乏力，"皮之不存，毛将焉附"，那么无论你这个企业本身多么有实力，都是无能为力的。

其次，市场容量。越专业的市场就越小，企业发展空间越容易受到限制。

再次，对企业要求高。在市场初期，需求大，对企业、产品的要求不会太高，但是当市场饱和时，对企业的经营能力、产品的技术含量要求就会越来越高，"赢者通吃"，行业的头部企业会对底部企业形成绝对压制。据相关行业的数据，2020年，格力、美的、海尔三大空调巨头国内空调销量合计占全年总销量的79%！其他几千家空调厂家合计销量才占到20%稍多一点！我们可以想象，一旦格力的龙头地位不保，对格力的打击将是灾难性的。

而多元化战略，则能有效规避这些风险，但是多元化同样存在弊端。所以我们一直强调，专业化战略与多元化战略没有好坏之分，只有是否适合企业自身发展。过度强调专业化或者多元化都是危险的。

有创新才有生机与活力

随着现代科学技术和知识经济的发展，科技因素越来越成为企业参

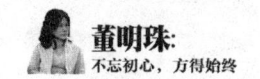

与市场竞争的核心，技术创新成为决定企业生死存亡的关键。在改革开放不断深化的今天，中国企业将参与世界范围内的国际竞争。如果没有技术创新，中国企业将被无情的市场抛弃。因此，只有在危机和挑战到来之前未雨绸缪，不断加强企业技术创新，才会使企业永远保持强劲的生机与活力。

技术创新制度是企业能否实现技术创新的关键，是企业技术创新的灵魂。技术创新是一个由创新构思的形成、开发设计、中间试验直至生产销售管理等环节组成的连续过程，它要求企业必须按技术创新的目标建立快捷、高效，既充分发挥各部门功能，又能实现整体协调、相互促进的运行机制，以及最佳配置企业资源、最大限度调动全体员工创新积极性和能动性的管理方式。

进入21世纪以来，随着经济全球化和高新技术产业的迅猛发展，技术创新已经成为企业竞争的主要手段和核心力量。但目前国内许多企业的技术创新组织系统都不健全，缺乏从上到下的、健全的技术开发和技术创新相关制度。所以，要开展技术创新，企业必须具有技术创新的组织系统、运行机制和管理方式，也就是企业必须不断开拓技术创新制度。

格力建立了很好的技术创新制度，每年从销售额中提取超过3%的技术研发费用，成为中国空调业技术投入费用最高的企业。董明珠说："创新是企业发展的永恒动力，而核心技术是企业的脊梁骨。只有企业研发出自己的高于世界先进水平的技术，才能立于不败之地，才能挺直脊梁骨。"在自主技术创新方面的巨大投入，也为格力电器换来了丰硕的成果。根据国家知识产权局数据显示，截至2021年3月，珠海格力电器股份有限公司的累计发明专利授权数量，已经超过一万件，格力电器已经成为国内首家已授权发明专利过万的家电企业。自2016年起，格力电器发明专利授权量连续五年稳居全国前十，2019年位居全国第六，也是唯一一家进入前十的家电企业。

如今，格力不仅依靠掌握众多核心科技，成为空调行业的领头羊，而且，依靠这些核心专利技术，格力也保持了企业活力，夯实了企业竞争力。

其实，十几年前格力电器生产出来的空调并不能叫空调，而是"只比风扇好一点的风扇"。因为中国空调制造业还没有掌握核心科技，也并没有意识到核心科技的重要性，他们认为从国外引进技术既方便又快捷。然而，市场竞争是全球化的，国外企业不可能把先进的技术卖给竞争对手，所以中国企业买到的大部分都是国外企业淘汰的技术，生产出来的产品自然不会拥有上乘的质量。

十多年前的格力和许多其他的电器制造业一样，并没有高素质的研发团队，对技术研发也并不在意。董明珠当时认为每年投资几十个亿去搞技术研发还不一定成功，而去国外买先进技术远远不用这么多钱。但是，2001年的一件事情改变了她的想法，也改变了格力电器的命运。

那一年，格力电器信心满满地接下了一笔"一拖多"的空调业务，结果未能按期研发出"一拖多"技术。他们不得不斥巨资向国外企业购买技术使用权。然而，当她带着上亿元资金千里迢迢赶赴日本引进技术时，却碰了一鼻子灰。日本人的傲慢和冷眼，以及对中国企业的污蔑深深地刺激了董明珠。她这才意识到，只有掌握核心科技，企业才能强大、才有话语权。回国之后，她和当时格力电器的董事长朱江洪先生立志开发自己的核心技术。他们采取各种办法招募国内外空调技术领域的尖端人才，并投入大量资金作为科研经费。终于，功夫不负有心人，在经历几年的卧薪尝胆之后，格力电器研发出世界同类先进水平的空调技术，提高了民族自尊心和自豪感。

当年，被刺痛的格力提出"格力，掌握核心科技"的口号，将技术创新作为发展基石，从此走上了技术领先的道路。自2005年起，格力空调已连续15年位居世界销量第一（2020年暂无数据）。2012年，格力电器

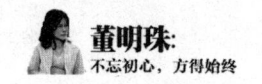

成为中国首家依靠单一品类产品实现千亿元营业收入的家电企业。在格力电器从事技术研发工作的人员无疑是幸运的。格力电器对高端人才总是给予最高的重视和最优厚的待遇，并且格力电器对技术开发的资金投入从不封顶。

目前，格力空调以1000多个品种的产品站稳空调制造队列的最前端。之所以能形成这样一个格局，关键在于格力电器在二十多年的时间里创造出一个坚强的技术支撑。据权威数据显示，近年来格力推出和实施的高新技术共有六项之多，分别是智能化人体感应技术、一氧化碳自动感应报警技术、智能换新风技术、数字直流变频技术、多折式蒸发器技术、数字化湿度控制技术。这些技术不仅能够保证屋内空气的畅通和清新，为客户营造一个安全、舒适的环境，还有自动切换状态、转换湿度等功能，让客户在不知不觉中就节省了能源、保护了环境。

十多年来，格力电器始终视自主研发为企业生命，坚持"不拿消费者当试验品"，从设计开发的源头就严格把关，不断提高技术创新能力，在技术研发上的资金投入日益增多。目前，格力电器已经拥有国内外专利近8万项，其中发明专利超4万项（2020年格力年报数据），是中国空调行业中拥有专利技术最多的企业之一，也是不受制于外国技术的企业。

时代呼唤技术创新，发展需要技术创新，中国企业已经进入了一个技术创新的年代。面向21世纪，中国企业必须适应时代发展的潮流，切实把创新摆在突出的战略地位，超前思维，未雨绸缪，不断增强创新能力，努力把握改革和发展的主动权，满怀豪情地推动企业走进新世纪。这一点，格力电器做得非常好。格力电器有一个完整的技术创新体系，正是这个创新体系保证了格力在技术创新上的飞速发展。

第一，格力电器有一套完整的技术创新制度，并严格按照制度管理各项创新事宜。技术创新是格力电器的头等大事，凡是有利于技术创新的行为，公司制度都予以保障和提倡。另外，格力电器开展丰富多彩的活动，全面提高公司高层、技术人员、中低层领导以及普通员工的创新意识，比如开展全员参与的合理化建议活动等。

第二，格力电器还不断引进各种技术人才，形成一支经验丰富、创新意识高的技术开发队伍，为空调技术的创新与发展提供人才保证。格力集团的缔造者朱洪江本身就是机电和空调压缩机研制方面的专家，拥有近10项发明专利。为了吸引更多的金凤凰，格力电器努力将自己打造成一棵高大的梧桐树，对高技术人才给予最优厚的待遇，不仅科研经费充足，年薪、住房、各种保险等福利待遇都是同行中最好的。

第三，格力电器不惜在科技创新方面投入巨额资金。格力电器高层都不止一次在公开场合表示，格力电器不会吝惜在技术创新方面的投入，技术创新所需要的经费在格力没有限制。近年来，格力电器不断投入巨资引进大量高端制造研发设备、开发系统、设计软件等；建成了国际上首屈一指的科技研发中心，包括三个研究院、26个研究所、两个国家级技术研究中心。

越简单，越有力量

随着社会经济的发展，商品的丰富，人们的消费水平、消费需求也在不断提高，人们对商品的要求已经不仅仅停留在商品的价格和功能等有形表现上，而是更注重商品给人的无形感知。品牌形象把产品或服务提供给受众的功能性与品牌形象紧紧联系起来，使人们一接触品牌，便可以马上将其功能性特征与品牌形象有机结合起来，形成感性的认识。品牌形象具有独特魅力，是营销者赋予品牌的，并为消费者感知、接受的个性特征。

品牌形象是社会公众在与企业接触交往的过程中，通过企业的各种标志而建立起来的对企业的总体印象，是企业的根基。董明珠对格力品牌形象的塑造十分重视。她制定"优质商品、简单营销"的策略，从产品开

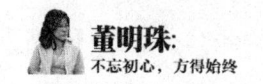

发、渠道销售、广告宣传、售后服务四个方面树立了格力简单时尚的品牌风格。

优质的产品和性能是打造品牌的第一个环节也是最重要的一个环节。格力电器自始至终地将产品品质摆在首位，在保证卓越品质和性能的基础上，塑造了"简约实用"的产品形象。

首先，格力电器没有任何吸引人们眼球但并不实用的附加功能，只保留清新空气、制冷制热的基本功能。这样的产品开发理念能够保证格力电器倾心倾力制造出好空调，还能保持成本领先优势。

其次，为了保证产品质量和方便快捷的售后服务，格力的大部分产品都是只有外观的不同，而电控部分基本不变，等于是通用的。这样，消费者可以放心使用这些经过时间"考验"过的产品。而且，一旦发生故障，任何一家店的维修人员都能快速将通用电控更换。

再次，格力本着"狠抓质量，打造精品"的服务理念严把质量关。凭着坚实的质量保证，格力还在空调行业破天荒提出"整机六年免费保修"。上乘的质量能够为消费者省去不必要的麻烦，格力电器在售后上的投入也会大大减少。

格力的成功离不开一个重要的因素就是其独有的"股份制区域经销模式"，也就是格力电器和各地的大户联合出资成立新的销售公司，对格力空调进行专营这种简单的营销模式。格力的这一消费模式可谓独具匠心，具有许多明显的优势。

首先，格力电器通过在目标消费城市选择与当地强势经销商合作的方式，在当地建立公司库房，这样可以借用经销商的销售渠道快速打开销路，降低了拓展成本、运输成本以及其他经营成本。

其次，在"股份制区域经销模式"下，格力专职生产，强势经销商负责销售。这种各司其职的营销模式可以提高运行效率。另外，经销商必须对格力电器负责，格力电器对经销商具有管理的权力。并且，格力电器承诺给予经销商一定额度的返利，返利随着业绩浮动并保证及时兑现。这样格力电器就不用为了赢得市场而陷入价格战的泥潭，并维护了自己高端的品牌形象。

此外，服务是营销工作的重中之重，服务更成为近年来家电厂商战略营销的重点。格力空调在服务方面仍然坚持"简单"的营销思想。事实上，空调售后服务中的三大问题分别是通用性、配件是否齐全及方便安装、维修结算快慢与否。格力对自己的所有产品的大小零部件都进行了统一编码，维修人员只要获知客户所需的零件编码，就能快速、准确地找到所需的新零件进行维修。

另外，为了使售后服务更加快捷，格力与当地经销商组建的销售分公司内库存着大量的配件。而且，安装及维修结算费用及时兑现。空调素来就有"三分产品，七分安装"的说法，格力非常重视售后人员的培训管理，但更重要的是调动员工的积极性，而格力空调的安装费在同行中一直是非常高的。并且格力电器会及时将安装费和维修费兑现给售后服务人员，很少有拖欠事件。格力电器对售后人员利益的维护，在一定程度上保证了格力售后热情周到的24小时服务。

格力空调的宣传策略也在着力塑造简单时尚这一品牌风格。"好空调，格力造"是格力电器的招牌广告语，全力营造格力空调的卓越品质和简单时尚的强势品牌形象。短短六个字不仅道出了格力在中国空调市场无与伦比的地位，而且彰显了格力的卓越品质和自信。

事实上，现代人的生活节奏越来越快，"懒人"也越来越多。"简单化"已经成为众多行业中的一个发展大势，格力显然"未卜先知"。格力电器从研发制造到销售售后都孜孜不倦地追求着"简单"。如今，格力电器打算将其产品进一步"简单化"，甚至打算将附件箱取消，将附件放入室内机包装箱中，进一步"简化"产品。当然，有许多业内人士认为这样做根本没有什么必要。但是，董明珠却认为，这样做不但环保，还可以降

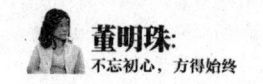

低成本。

　　企业运营中的"简单"是指一种力求使复杂的企业运营变得简约、集约和高效的管理思想和模式，倡导化繁为简、以简驭繁。这种企业运营方式的本质是以效果和效率为出发点，既最大限度地减少资源的浪费，又努力让企业管理者和员工的工作容易化、清晰化、条理化，从而以最简洁、最直接、最有效的方式解决问题。

　　企业的运营方式和世界万物一样，都要经历一个从简单到复杂再归于简单的动态发展过程。企业在发展早期运营较为单一，凝聚力和向心力较强，矛盾不突出。但是，经过较长时间的平稳发展以后，企业内部运营必然变得冗杂和多变，资源浪费大、决策与执行脱节、无效环节增多。要提高运营效率需要一个具有控制力和扩张力的运营模式。于是，企业的运营模式又回归到了简单。由复杂归于简单的运营方式是一种深层次的"简单"、高效的"简单"，并不是原始的单一和匮乏。"简单"才能提高市场的反应能力，进而提高整体竞争力。可以说，简单是竞争力的表现。

　　正如读书的最高境界是"从薄读到厚，再从厚读到薄"。企业运营模式中的这种深层次的简单正是领略了读书的真谛。格力电器超前地意识到简单的重要性，不断地追求高效的简单，不断地提高自身的整体竞争力。

与其独吞，不如共享

　　现代社会是一个多元化的社会，竞争与合作是企业发展的永恒话题。古语说："一笔生意，两头赢利。"在面对利益时，与其独吞，不如共享。多赢是一种良性的竞争方式，是一种从长远利益出发的经营技巧。当展开合作时，双方都能考虑彼此的利益，不为自己斤斤计较，舍得让利给彼此，那么双方就会达成一种长期友好的合作关系。竞争与合作相结合的发展战略可以达成资源的优势共享，可以提高合作者总体的竞争力。更重要的一个功能是，企业之间的合作可以制造声势，防止新竞争对手的加入，寻求改变游戏规则的机会，从而促进自身的发展。

"棋行天下，并非统一天下，而是和所有人一起走下去。面对市场这盘棋，应该如何在一个必须力求走和的棋局里，以步步高招实现正和博弈——不是相克而是双赢。"这是董明珠的"博弈论"。她认为不善于与人合作、只考虑个人利益的做法，是一种愚蠢的行为，只会让自己财源枯竭，山穷水尽。所以，格力积极参与市场竞争，总是希望开创一片双赢的局面，从来不会蓄意进行恶性竞争。在董明珠看来，格力和其经销商之间永远都应该是一种"正和博弈"的关系，即格力与其经销商双方通过相互合作而取得共同利益的增进。只有处处顾及对方的利益，才能赢得认同、信赖、支持，才能最终使自己获得更大的利益。

睿智、精明的董明珠在经营企业时秉承"没有永远的敌人，也没有永恒的朋友，只有永恒的利益"的原则。她积极争取与竞争对手双赢，从格力与国美的交锋中我们就可见一斑。格力与国美的冷战与合作最能体现竞合对企业发展的重要性。而格力最终决定搁置与国美的矛盾，积极促成双方的合作，也体现了董明珠的精明、睿智和勇气。

格力集团从成立之初就一直自建营销渠道，有力地掌控着零售末端，把经销商有效地捆绑在自己的"战车"之上。1997年，格力的营销模式进一步升华，在各省区与当地一级经销商结盟，成立了股份制公司。格力的这种营销模式使其能够全面地操控整个零售体系，掌握零售的主动权，并能很好地调解不同经销商之间产生的价格战和利益冲突，以维护格力在公众中的整体形象。但是，这种模式也有弊端：格力集团必须花费大量精力来打理销售和售后业务，连锁卖场的不断壮大给格力自建渠道带来越来越大的压力。

国美电器卖场一直以"走全国性家电连锁之路"为目标，成为家电销售有力的渠道力量。国美连锁卖场的优势在于：家电生产企业只需将产品卖给国美，其销售和售后业务由国美一方承担。经过几十年的摸索和发展，以国美为代表的家电零售渠道已经非常成熟。鉴于力量强弱的变化，海尔、长虹等制造商相继收缩了自我的营销队伍。然而，国美连锁卖场的经营渠道也并不是没有缺点。制造商将产品卖给国美后，对产品的销售和售后没有任何权利和责任。但是，一旦国美出现不正当的销售手段，制造商的形象就会受到不良影响。

格力与国美的交恶恰恰就是因为双方对渠道模式持有的不同见解。当海尔、美的等众多空调品牌都在和家电专业连锁商大力合作的同时，格力还一直保留着自己独特的销售渠道。格力 90% 的空调产品都是通过自己的专卖店以及零售终端卖给消费者的，而大型家电连锁的销售量在格力的总销售量中只占到很少的一部分。格力始终希望在其产品的零售业务上保持主动权。

2003 年，深圳国美为了增加营业额，进行了一次促销活动，大力宣传"买威力送格力！"格力集团对此非常不满，随即向深圳市工商局投诉。他们认为将格力空调作为赠品有损格力电器的品牌形象。然而，国美却称，自己已经购买了格力空调，先购买格力空调再让它成为"赠品"的，作为制造商的格力对在零售终端上发生的任何事情都无权过问。但是，为了今后能协商出更合理、更符合双方意愿的合作方式，双方都选择退让一步继续合作。

2004 年 2 月份，成都国美对品牌空调进行大幅度促销，格力空调降价为所有品牌空调降价之首。格力对被动卷入价格战相当恼火，认为成都国美破坏了格力空调在市场中长期稳定、统一的价格体系，并有损其一线品牌的良好形象，要求国美"立即终止低价销售行为"。但是，国美认为这是商家一次正常的促销活动，格力作为供应商无权干涉。四川格力公司积极与国美进行交涉，国美丝毫没有让步的意愿。最终，格力与国美之间的渠道模式纷争演化为双方互不相让的"冷战"，局面僵持不下。

格力与国美的交恶引起了社会的广泛关注。各大媒体众说纷纭，猜测着格力与国美之间关系的走向。格力总裁董明珠发表其在这件事情上的看法时说："商场的博弈并不是你吃掉我，或者我吃掉你。在跟国美的博弈过程当中，我希望能够实现多赢，而不是一家独赢。"

在格力总裁董明珠的不懈努力下，在交恶整整三年之后，2007年，广州国美电器总经理高集群与广州格力总经理王韦权正式签署了一份2亿元的采购协议，格力空调再次进入广州国美的33家门店。

作为一家企业，最大限度地获得经济利益是必须要面对的问题，企业不是一个可以独立存在的个体，只有合作才能够取得更大的发展。对于国美的强势，非常有原则的董明珠暂时采取一种不合作的态度，但并不说明她辨不清局势。对于竞争与合作，她有着清楚的认识，格力这样的大制造商和国美这样的大渠道商，为谋求更大的市场份额和利润，必须走友好合作的道路。董明珠一刻也没有放松地为双方寻求更好的合作方式，她不止一次在公开场合强调格力参与市场竞争是要争取双赢。董明珠非常明白合作对于国美和格力的重要性，从双方交恶之初，她就一直积极地进行谈判。无奈，双方的销售理念不同，要寻找一种双方都满意的合作模式需要时间。

在市场利益的驱动下，现代商业社会越来越向着一种和谐的氛围发展，单纯的竞争已经赶不上时代的步伐。只有选择竞合的发展模式，企业才能在资源共享、优势互补中走上发展壮大的道路。

董明珠说："企业与企业之间，能不能合作最基本的应该是彼此之间能否达成一个共识，而这个共识的存在是需要前提的。比如说彼此间的经营理念和价值观是否相同，如果经营理念和价值观都不同，那就很难谈得上合作。"所谓"道不同不相为谋"。不是任何企业之间都能够进行正和博弈，只有那些利益一致的企业才能够在竞合中达到双赢。因此，正和博弈的首要任务是寻找志同道合者。

穿上最合适的鞋子：走专业化道路

企业的经营战略有多元化和专业化之分。两种战略并没有优劣之分，适合的才是最好的。格力电器股份有限公司在专业化为主的经营战略中，不断超越自我，不断创新战略，每年都有100多个竞争力强的产品投放市场。格力电器每年的业绩数据显示，走专业化道路是格力电器最适合的运营模式。

其实，从追随者到引领者，格力电器也走过了一条漫长的道路，经历了质量为本、营销创新和自主科技等民族工业发展的典型阶段。一路走来，格力电器抵御住了纷繁的经济诱惑，寻找到了专业化这个"最适合的鞋子"。

"专业化是降低风险的最好途径"，董明珠道出了格力一直以来走专业化道路的根本原因。她认为，多元化经营势必样样都遭遇激烈竞争，其他行业上格力没有绝对的优势，所以只有专心做有把握的空调。于是董明珠做出了这样的决策：只有专业化才能培养核心竞争力，空调市场很大，踏踏实实地做下去，就能在行业处于领先地位。

曾有一段时期，格力电器的专业化道路不为外人所理解，被认为胆小偏执。但格力电器坚持一心一意练好自己的独门功夫，如今已成为业界的龙头老大。董明珠说："专业化是格力最突出的经营特色，也是格力实现技术创新、抢占市场制高点的关键，专是为了精，也只有专才能保障精和高。"格力胜在专注，因为专注所以专业。

专业化道路，就是逼着自己走独木桥，没有回头路，要不你就掉下去，要不你就坚持走下去，专业化的定位让格力空调做到了极致。但是这座独木桥似乎并不狭窄，这些年来，格力陆续开发出了近千项核心技术以及关键部件，让格力完全有能力实现专业化扩张。

在董明珠看来，走专业化发展道路符合格力的成长路径。格力集团设置之初，就定下了集团多元化、格力电器专业化的发展思路。格力对实业的信念与追求，董明珠将其定义为"工业精神"，格力电器一直坚守的专业化被理解为是格力的一种精神，也反映了格力坚持实业兴邦的决心和毅力。

所谓"隔行如隔山"。进军多个领域的行业必须具有雄厚的资金和人才支持，否则就不能很好地驾驭多元化的运营模式。而多元化做不好往往有规模没利润，市场份额高高在上却还在亏损。20世纪90年代的格力电器还没有足够的实力去进军众多领域，董明珠理智地意识到：如果没有比人家领先的地方，怎么和人家斗？于是，她极为冷静、理性地为格力电器选择了专业化的道路。从1995年开始，格力空调的销量就已居全国第一，而"格力水准，行业标准"也成为业内的共识。董明珠认为从这一点看，倾心倾力做空调是格力电器的不二选择。

2000年是中国家电多元化高峰。美的进军微波炉，格兰仕20亿元挺进小家电，海信、乐华不断挑起价格战，有些企业试图用价格战争取市场份额，为自己的多元化战略添砖加瓦。与房地产泡沫一样，这是家电行业的泡沫式发展。只是这里的泡沫没有房地产业的大，许多企业就没有给予足够的重视。这场家电行业的多元化发展浪潮的结果毋庸置疑的是很多企业的衰退和倒闭。其原因自然是盲目的扩张与自身的实际能力不相符。

社会化大生产，专业分工越来越细，只有集中精力、财力、物力和人力，专攻一业才能缩短新产品开发周期，不断抢占技术制高点。专业化为格力的技术创新奠定了坚实的基础、提供了可靠的保证。如今，格力电器的飞速发展充分证明了格力人决策的正确性，业内的质疑声音也越来越少。董明珠终于可以骄傲地说:"格力昨天走的路没有错,今天和明天我们还会沿着这条路坚持走下去。"

企业制定出正确的发展战略,对于企业各方面都有着重要的作用。企业存在寿命,寿命有长有短。决策者应该树立"长寿企业"意识,从长远利益出发制定符合企业实际情况的发展战略。谋划企业发展靠智慧,谋划企业整体性、长期性发展靠大智慧。

制定企业发展战略需要考虑以下几个因素:

1. 企业的实际情况

并不是别人成功的发展战略就是好的,就可以运用到自身企业发展上。公司发展战略应该使企业少投入、多产出、少挫折、快发展。它是智慧结晶,而不是经验搬家和理论堆砌。因此,企业决策者在选择企业发展战略的时候,应该充分考虑企业的实际情况,将别人成功的经验与自身情况相结合,制定出符合自身的发展道路。格力电器在选择发展道路的时候,没有在纷繁的市场诱惑中迷失,也没有照搬别人的经验,而是理性、睿智地选择一条符合自身的发展道路,即专业化发展战略。

2. 企业的长远利益

企业的战略问题越来越引起企业家们的重视。所谓战略就是长远利益,长远利益包括长远的经济利益、社会利益、安全利益等等,是企业长远发展所必须具备的综合利益。对于企业而言,战略利益往往最容易和短期经济利益一同放在企业家天平的两端进行衡量,但大多数企业会倾向于短期的经济利益,使自己成为一个能赚钱的企业,但却成不了一个著名的企业。长远利益是远大于短期利益的一种利益,当企业在摆脱基本的生存危机时,就应当根据需要选择有利于长远发展的长远利益,只有不断地寻找和发掘战略利益,企业的长远发展才能获得保证。格力电器从自身长远利益出发,没有盲目地进行规模扩张,而是踏踏实实做空调,从而制造出领先市场的"好空调"。

3. 企业的整体和局部因素

企业是一个由若干相互联系、相互作用的局部构成的整体。局部有局部性的问题，整体有整体性的问题，整体性问题不是局部性问题之和，与局部性问题具有本质的区别。企业发展面临很多整体性问题，如对环境重大变化的反应问题，对资源的开发、利用与整合问题，对生产要素和经营活动的平衡问题，对各种基本关系的理顺问题。谋划好整体性问题是公司发展战略的重要条件，要时刻把握企业的整体发展。格力电器的专业化是整体化的发展战略，也贯穿于企业发展的各个环节，巧妙地处理好了整体与局部的关系。

专业化制胜还是多元化能赢，这个争论已从20世纪90年代持续至今，孰优孰劣似乎不能完全而论，不同发展路径的选择取决于企业或者领导人的成长基因和市场偏好。格力电器能在短短的三十多年时间由一个年产值不到2000万元的小厂，迅速成长为拥有珠海、重庆、合肥、郑州、武汉、石家庄、巴西、巴基斯坦等17大空调生产基地的国际知名企业，很大程度上要归功于它在发展道路选择上的正确性。

研发投入不设限

当今社会，越来越多的企业开始重视技术研发的环节。技术研发就是研发人员或研发机构根据市场现实或潜在的需求，通过一定的材料和技术路线，采用适当的方法和手段，筛选出具有能满足市场需求或能更好地满足市场需求的新品种、新技术、新服务。技术研发的结果不仅包括有形的产品，即可以满足人类需要的物品或服务；还包括无形的知识产权与能力，以及荣誉和成就感。

技术研发是企业发展的基础和决定性因素。加快企业技术研发步伐是增强企业核心竞争力的必然选择。企业研发部门承载着企业未来在商品

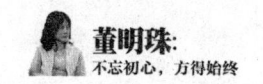

市场上的科技地位。对技术研发部门的重点建设非常有必要。作为中国土生土长的空调企业，格力电器用行动证明了中国企业不仅可以扮演好一个"制造者"的角色，而且在自主创新特别是技术创新领域，同样可以有自己的作为，同样能成为世界的强者。

董明珠坚持把"一个没有创新的企业是一个没有灵魂的企业，一个没有核心技术的企业是没有脊梁的企业，一个没有脊梁的人永远站不起来"作为企业信条，大力扶植研发部门的建设。多年来，格力电器在技术研发上从来不设门槛，需要多少投入多少的做法，让其成为中国空调业中技术投入费用最高的企业。据统计，2019 年，格力电器在技术研发上的投入接近 60 亿，2020 年研发投入超过 62 亿（2020 年报数据），研发投入已接近甚至超过国际同行水平。

格力电器巨大的研发投入使其产品始终保持领先地位，在"技术战"中游刃有余。

2005 年，由格力电器自主开发、具有自主知识产权的离心式冷水机组正式下线。它的下线，打破了美国企业长期以来对离心机技术的垄断，填补了国人在这一技术上的空白。

2005 年，世界第一台超低温数码多联机组在格力电器顺利下线，实现了零下 25 摄氏度正常制热，使我国的中央空调在冬季超低温制热和节能技术上一举达到世界领先水平。

2006 年，国内第一台热回收多联机组，同时也是世界第一台热回收数码多联机组在格力电器问世，打破了传统空调单一主机只能统一制冷或制热的"呆板"局面，实现同时制冷制热，而且该产品被列入"2007 年国家级火炬计划项目"。

2009 年，格力电器自主研发的 G-Matrik 直流变频技术，实现了低频 1 赫兹运行，大大提高了房间的舒适性和节能性，被广东省科技厅鉴定为国际先进水平，入选"2008 年国家级火炬计划项目"，开启了变频空调的新时代。

2009年，世界第一台新型离心式冷水机组在格力电器面世，比传统离心式冷水机组节能30%以上。该机组被清华大学、中国制冷学会、中国制冷空调工业学会等权威机构一致鉴定为国际领先水平。

通过自主研发，格力电器目前已推出相应产品或在产品中进行广泛运用的创新技术还有G10直流变频技术、热回收技术、水源/地源热泵技术、"冰蓄冷"制冷设备技术、智能化霜技术、舒适省电技术、自动清洗技术等。这一系列数据都昭示着格力电器重视自主研发的巨大成功。

其实，格力电器的高层从创业之初对技术研发就十分重视。创始人朱江洪说："企业有别于单纯的科研单位，企业的任务还必须赢利。但做技术研究，也要耐得住寂寞。每个科研项目的开发，不仅耗时长，而且即使成果出来了，市场如果没有预热，还必须等市场的成熟。"

董明珠也曾说："格力每年投入20亿元人民币的费用在研发当中，这是为了保证格力掌握领先的产品技术，而研发费用只要必要则不设限额，格力将坚持走空调产品的专业化之路。"

目前，格力电器具有全球最大的空调研发中心，拥有4个国家级研发中心和1个国家通报咨询中心研究评议基地，15个研究院，近千个实验室，近1.5万名研发人员。截止2020年底，累计申请专利近8万项，其中发明专利超4万项是中国空调行业中拥有专利技术最多的企业，也是不受制于外国技术的中国企业。其中，格力电器的三大研究院——制冷技术研究院、家电技术研究院和机电技术研究院在国内独一无二。它们的设立，以及格力对自主创新的重视和巨大投入使其不断打破国际制冷巨头的技术垄断，从而赢得了广泛的知名度和影响力。

曾经的"销售女王"，如今变成了"技术控"。董明珠多次强调："靠模仿，或者从别人那买来技术难以让企业长久发展。引领世界，必须要自己掌握核心技术。"她甚至给格力研发人员提出"任何一个产品都要追求完美"的设计目标。很显然，董明珠在按照一个技术绝对领先性企业的标

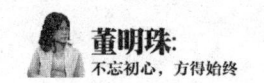

准来要求格力电器的技术研发人员。

随着高科技产业化进程的加快，高科技在各个产业的渗透以及在全球范围的迅速扩散，企业提供产品和服务中的知识含量大大增加，加大了企业提供产品和服务的难度以及企业生产经营和管理上的复杂性。因此，在知识经济中，从技术上来讲，对企业的要求越来越高，企业之间的技术竞争将成为制胜的焦点。因而，企业必须充分认识到技术创新的重要性，并加大技术创新的力度。董明珠正是认识到了这一点，才将自己和格力电器都变成了"技术控"。

对一个企业而言，企业要生存发展，技术创新是不断的、无止境的。企业应不断满足用户的需要，提供质优价廉的产品和服务，并取得相应的利润，否则，将难逃亏损直至破产的厄运。这早已成为市场经济条件下的一条定律。格力电器一直将技术研发作为工作的重中之重，并将一直贯彻下去，对研发资金的投入不设限的规定就能看出董明珠的决心。

一次性把事情做好

零缺陷管理的思想最早应用于美国马丁·马里塔公司的奥兰多事业部，是为了解决"确保质量"与"按期交货"的矛盾而设立的。该管理思想主张企业发挥人的主观能动性来进行经营管理，生产者、工作者要努力使自己的产品、业务没有缺点，并向着高质量标准的目标而奋斗。零缺陷并不是说绝对没有缺点，或缺点绝对要等于零，而是指"要以缺点等于零为最终目标，每个人都要在自己工作职责范围内努力做到无缺点"。它要求生产者、工作者从一开始就本着严肃认真的态度把工作做得准确无误，在生产中从产品的质量、成本与消耗、交货期等方面的要求进行合理安排，而不是依靠事后的检验来纠正。

格力电器从成立之初就引进了零缺陷的管理方法，在全厂范围内推行

"零缺陷"工程。对于空调制造业来说，零缺陷就是一次把事情做好，实现无重大设计、制造、材料缺陷；无重复发生的质量缺陷，制造零缺陷，外协外购件零缺陷，从方方面面保证格力空调的质量臻于完美。

格力电器旗下有一个分厂，全厂员工有500人之多。在格力电器的分厂中，这是规模较大的一个。但是，它并不产生效益，因为它一不生产零件，二不组装产品。它的任务只是对外购零部件、元件"过筛子"，逐一检验，禁止任何一件不合格产品流入生产线。这就是格力电器专门设置的分检厂。对于耗费巨大人力、物力做这样的重复工作，业内人士颇有微词。但是，董明珠却认为，如果格力空调的合格率仅为99%，那么，就意味着一年有一万多用户要为维修空调而拿出休息时间。格力人坚持为用户的服务要强化在"售前售中"的观点，力争把不需要"售后"服务的产品送到用户手中，让用户买得放心。

格力电器是目前国内唯一生产空调的专业化厂家。选择了专业化之路，就意味着眼前的路只有一条，只能干好，不能干坏。格力人深深地知道，对于企业来说，只有质量才是企业真正的灵魂，只有质量才是产品永葆青春的唯一法宝，才能使企业得到真正长远的发展和壮大。格力电器深深地知道这一点，于是，格力人如修炼生命一样修炼质量，对企业的质量管理极为重视。格力集团的缔造者朱洪江说："对格力而言，售后服务是必要的，但是越少越好，最好你买了空调之后，我们3年不见面。"想要达到如此高的合格率，生产经营的每个环节都必须保证不出差错，这就要求"零缺陷"工程的顺利实施。

格力电器耗费大量的人力财力，成立了各类技术开发、性能实验室170多个，每年投入上亿元的科研和实验经费，配备各类专业空调研发工程师1000多人，包括聘请日本等空调技术领先国家的专家加盟，为格力电器配套厂家300多家企业进行严格的人员培训、严格的标准统一，将空调产品整体质量的提高，提前到技术开发、工艺改进、项目研究上，提前

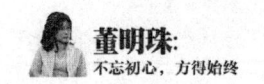

到将零部件控制在"零缺陷"上，将空调产品的服务强化在售前、售中，而不是售后，坚决不拿消费者当试验品。格力电器投入巨资建立了国际上目前技术水平最高、设备最齐全的长期运转实验室，可模拟各种室外恶劣气候条件，考验空调产品的质量，并通过长期的运转实验提高产品的可靠性，考核所有零部件的配合是否科学合理。

零缺陷的管理，大大提高了格力产品质量，降低了不合格率，次品和返修大大减少，帮助格力实现了快速发展。2019年度，格力实现各项销售收入近2000亿元，格力空调连续25年销量中国第一，连续15年销量世界第一，连续5年销量世界第一，全球用户过亿。高品质的产品，让格力的售后工作即使是在每年的免费维修月期间，也不显繁忙，格力用自己的零缺陷管理，真正帮用户实现了零烦恼。格力空调谨守以质量为核心的企业理念，不断将产品做得更精更好。格力的足迹已遍布全球160多个国家和地区，年生产能力已达到4000万台（套）。

从理论层面上讲，树立零缺陷理念是一种自上而下全员、全方位、全过程的质量控制理论，其要点是向传统的"错误难免"观念发起挑战。它要求将每一个员工都当主角并强调心理建设，强调个人在组织改进中的作用。零缺陷管理就是要建立一种预防性的企业文化，培养大家"以改进质量为己任"的积极态度，从而激发每位职工做好工作的积极性和创造性，达到"第一次就把事情做对"的目的，增强职工消除缺陷的信心和责任感，使每个职工都形成"我就是主角"的意识。事实上，零缺陷管理的成败取决于管理层对质量的认知和态度，零缺陷管理不是自下而上的驱动，最重要的是自上而下的推动。

零缺陷管理还要注重各个部门的衔接。100%合格率意味着整体上的质量。这就要求所有部门都以零缺陷理念为指导，工作人员能够彼此信赖，一个部门送交另一个部门的东西必须与原先的承诺相符。做到这种衔接需要形成上下工序之间协同加合作的机制，明确规定每个部门的职责界限，并在合作精神指导下建立协同关系。

　　格力电器在生产经营的各个环节都推行零缺陷管理。在技术研发上，格力电器追求空调功能的实用性和技术的高端性，因地制宜地生产出符合市场需求的空调，坚决走技术原创道路，不添加五花八门的附属功能，不借鉴依赖他人技术；在空调制造上，每一种原材料，微小到一颗螺丝钉，每一道工序，精细到粘贴标签，格力电器都要经过反复检测、反复订正。在销售方面，格力电器只与那些信用好、经营规模大的经销商合作。在售后服务上，格力电器形成了 24 小时的热心周到服务，追求服务的一次性到位。正是因为格力人在零缺陷管理上的孜孜以求，格力电器的各项产品都受到消费者的广泛好评。"第一次把事情做好"几乎成了格力电器全体人员的共识，上至高层领导，下至普通员工，都以"第一次把事情做好"严格要求自己。为了保证工作质量，他们重复着大量看似多余的检查、订正工作。正如格力电器一名普通质检员对记者说的那样："累，但心安。"

第三章

走出一条属于自己的路

格力强大的销售渠道令人称道。从"区域性公司销售模式"到"专卖店模式",从"不付款不发货"到"淡季返利",每一次营销模式上的革新,都能看见格力的影子。董明珠所倡导的自建渠道,并不是一个偶然的尝试,而是对大家电连锁销售的一种有益补充,是对市场空白的填补,必将对整个市场营销格局的变化产生深远的影响。

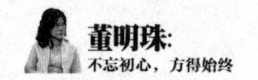

一切始于精英化销售团队

对于制造型的企业来说，企业要想盈利，就必须把产品卖出去。而产品市场占有率的高低很大程度上取决于企业销售团队的优劣。企业的销售团队是企业在市场竞争中的先锋军，是企业直接接触市场的部门。对于任何企业来说，打造一支精英化的销售团队都是至关重要的。

一个销售团队，无论是高层还是中层和执行层，全部由第一流的顶尖级人才组成未必合适，如果全部由普普通通的庸才组成则更不恰当。从管理学理论和中国传统文化的影响来看，任何一个团队都必须是各类人才资源的互补型结构，只有这样才能保持一个团队的正常运行和内部各种流程关系的平衡。因此，在一支精英化的销售团队，团队成员必须在知识结构、专业结构、能力结构、年龄结构和性别结构等五类要素成分方面形成互补。

另外，精英化的销售团队必须是能够协调合作的团队。单一的销售人员能够开辟的市场非常有限，而众人把智慧集合所具有的能量就不可估量。团队的力量并不是团队成员力量的综合，而是成员力量的升华和深化。因此，高效率的团队协作是销售团队必须掌握的技巧。

董明珠最初加入格力团队时，只是一个普通的业务员。当时的她对销售一无所知，但她勤奋好学，通过一年的摸爬滚打，她就成为格力电器的明星业务员。1994年，格力出现"集体跳槽"事件，董明珠临危受命，出任格力经营部副部长，她在洞察空调销售规律和经销商需求的基础上，对格力的销售团队进行创造性地建设。

格力电器的销售团队由业务员和经销商两部分组成。对于直接在企业工作的业务员，格力始终致力于创建和谐的劳动关系，为业务员提供提升自身的空间，不断增加其劳动待遇，提升员工幸福感。格力通过职业生涯规划、内部培训、"能者上，庸者下"的晋升机制，以及各种物质的、精神的激励机制，努力为员工搭建事业发展的平台，提供广阔的发展空间。此外，格力还设立了科技进步奖、管理创新奖、合理化建议奖、季度奖、年终奖等多样化的奖金体系，通过多种方式激励业务员不断创新、发挥所长、提高工作效率。董明珠说："格力电器正在把和谐的劳资关系当成核心竞争力。"

除了涨薪以外，格力电器为了让优秀的一线员工和企业骨干能安居乐业，还投入巨资建立员工生活区，对已婚买不起房的员工安排过渡房。在格力看来，一个真正有社会责任感的企业，就是要给予员工强烈的归属感。在生活上尽全力给予员工无微不至的关怀。在格力电器的各种激励和惠赠政策下，业务员的积极性被广泛提高。

对于和企业合作的经销商，格力电器不仅不企图以高昂的出厂价从经销商那里获得利润，反而处处为经销商着想。一般情况下，企业将产品卖出去就完成任务，不论买家是经销商还是最终的消费者，都与企业没有任何关系。然而，格力电器却没有这么做。董明珠制定了一系列跟踪服务制度，由格力电器出人出资去帮助经销商打开销路。董明珠的这些做法获得了经销商的广泛好评，他们都愿意与格力电器合作，并能严格按照格力电器的销售原则将商品推向市场。

另外，格力电器只和那些具有相当规模、信用度好的企业经销商合作。因为，只有这样，格力电器才能保证其销售团队的精英性质。

其实，打造一个精英化的销售团队并不是一件容易的事情，董明珠和格力电器为此付出了巨大的努力，包括相关制度的制定、相关培训的设立以及让利和惠赠的激励手段等等。

如何打造一个精英化的销售团队呢？决策者必须做到以下几点：

1. 明确理念

整个团队包括负责人都必须有明确的自我理念。各级负责人必须学

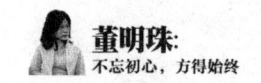

会平衡团队内部各成员之间的关系，控制好自己负责范围内的各项执行流程，并在团队成员内部建立适当的游戏规则；团队成员要积极配合负责人的管理，并清楚了解自己的职责定位。

2. 合理授权

一个决策者会不会管理的标志就是会不会授权。合理授权可以帮助建立有效的人际关系，提升下属的士气和信心，有助于培养下属的才干。一个优秀的团队必须要在团队成员内部各层级的授权上做到合理、平衡，层层负责，每个岗位和职位体系均有对上负责和对下传递的明确目标。授权要做到有效的控制，不能一抓就死、一放就乱。同时，在授权上还要考虑到市场一线情况的千变万化，必须给予一线人员一定的灵活处理权力，做到用权有序，授权有度，集权有道。

3. 定期培训

想打造一支整体素质优秀的销售团队，必须在运营中全力实施员工培训提升计划。通过对一线销售人员在营销理念、沟通与谈判技巧、客户开发技巧、市场调查方法、应变能力、客户服务策略、时间管理、团队合作等方面的长期性、系统化培训，逐步全面提升一线员工的整体业务素质，为提高企业的凝聚力，形成个性化的企业文化，培养后备人才奠定坚实的基础。

4. 大胆激励

有句话说得好：好的领导的本质就是激励。决策者要对员工的业绩表现实施大胆的激励措施，并坚决兑现下达任务前的激励承诺，从而保持和提升员工的工作热情和激情，激发其他团队成员的工作潜能，让团队时刻保持旺盛的工作斗志。

5. 维护威信

团队主管是协调团队合作的中坚力量。决策者必须注重对团队主管威信的维护。对各级主管的暗中授意、公开表彰、私下沟通等方式，既可以引导主管的工作思路和管理方法，还能让员工看到主管在整个团队的认可程度。

6. 提供空间

一个团队能否留得住核心优秀员工，除了薪酬待遇和各项福利及奖励外，还必须为员工提供在职位和能力上的上升通道和上升前景。企业在迅速发展的过程中必定需要大量的管理人才，在适当的时候从内部选拔优秀人员充实各级管理岗位，将对其他成员起到很好的激励和推动作用。

"没有售后服务"才是最好的服务

市场经济发展初期，流通物资还不丰富，消费者的消费水平仍然很低，他们对商品最关注的是价格，其次才是质量和外观，而售后几乎没有被列入考虑范围内。在这种情况下，产品的质量问题越来越多，越来越多的企业开始关注售后服务。售后服务是生产企业、经销商把产品（或服务）销售给消费者之后，为消费者提供的一系列服务，包括产品送货、安装、调试、维修、技术培训、上门服务等。在今天，市场竞争日趋激烈，随着消费者维权意识的提高和消费观念的变化，消费者在选购产品时，不仅注意到产品实体本身，在同类产品的质量和性能相似的情况下，更加重视产品的售后服务。因此，企业在提供价廉物美的产品的同时，向消费者提供完善的售后服务，已成为现代企业市场竞争的新焦点。

然而，董明珠更加超前地认识到，"没有售后"才是产品发展的趋势。消费者的自我保护意识会不断加强，他们终有一天会抛弃那些有维修可能的产品，而选择质量绝对上乘的产品。格力电器一直不惜代价以坐热冷板凳的精神坚持做好空调，踏实研发新产品，拒绝浮夸与炒作，争取打造无须售后的完美企业形象。

售后维修服务实际上是对消费者的一种麻烦和骚扰。因为消费者买回商品，是为了利用商品的使用价值，而不是为了天天打电话要求上门服务的。很多人说售后服务好的企业能让消费者放心，然而承诺不需要售后服务的企业可能更让人省心、放心。

董明珠认为，没有服务的产品才是真正的好产品，没有售后服务的企业才是好企业。格力电器的经营理念很简单，就是消费者的小事就是企业的大事，要用这样的经营理念来制造产品，对消费者持负责任的态度。

秉承"无须售后"这一理念，从1997年开始，格力提出强调售前、售中服务。2003年以来，格力空调相继提出了"没有售后服务的服务才是最好的服务""8年不跟用户见面"的服务观，并在生产、制造、物流、销售、安装等环节采取积极有效的措施，使格力空调朝着这一目标前进。

2005年1月1日，格力家用空调器产品一律执行"整机免费保修6年"的售后服务新标准，而国家对空调的强制性标准为"整机保修一年、主要零配件保修三年"。此举不仅大大超越了国家标准，也超过了国际标准。按照普通空调八至十年的使用寿命，格力空调"整机六年保修"的售后服务标准，实际上意味着终生免费保修。2021年3月，董明珠又宣布，格力电器决定对2021年3月1日起销售的家用空调提供10年免费包修服务。又一次引起业界震动。这其实是格力对自己产品质量的信任，因为格力电器生产出来的产品力求无须任何售后服务。另外，这样一个承诺对格力电器来说也是一种推动力，为了降低生产成本，他们就会努力追求产品质量的上乘。

对此，董明珠就曾明确地表示："这个要求不仅仅是对消费者的承诺，同时也是对格力自己提出了苛刻的要求。承诺要兑现，对消费者要负责任，这就逼迫格力将产品做得更好，无形中看起来是承诺，实际上对自己是挑战。"

格力电器的这一承诺，消除了消费者的后顾之忧，保护了消费者的利益，也无意中使行业的竞争门槛就此被抬高了，有的质量不过关的空调企业，在重重压力之下不得不退出了空调行业，许多竞争对手纷纷仿效，也开始向格力的标准靠齐。

近年来，格力进一步加大了售中安装规范化管理的力度。每年投入大量的人力、财力、物力对全国范围内的服务网点的安装技术人员进行培训，对安装质量情况进行监督、奖励和处罚。

其实，提供售后服务，对于企业运营来说并没有好处。表面上看来，提供优质售后服务的企业能够得到消费者的青睐，但是企业的运营成本却大大增加了。维修一台空调甚至可以耗费掉销售一台空调的全部利润。倘若产品需要一再维修，消费者就会意识到产品的质量问题，到时候优质的售后服务也不能弥补消费者对企业的失望。倘若企业能够生产出"无须售后"的产品，不但不用担心在售后方面的巨大投入，也不会因为质量问题而丢失客户。

格力提倡将空调的产品服务提前到售前和售中而不是售后，不是不做售后服务。格力通过销售公司统一进行规范的销售和服务，在全国组建了5000多个售后服务网点，受过培训的售后服务人员达到3万人，在很大程度上既保护了消费者的权益，也保证了厂家和经销商有合理的利润空间。

几年来，格力电器先后推出安装人员《房间空调安装培训合格证》和《格力空调安装资格证》双证上岗、维修服务"快速反应部队""格力专家服务纵队"等一系列业内独一无二的新举措，把格力空调的服务提升到新的水平，确保对消费者的需求快速反应。

所以，格力电器同样重视售后服务，只不过它又比其他厂家更重视把前端质量控制做好。董明珠认为，只要把售前的设计和生产质量、售中的运输和安装质量控制好了，售后的维修服务就没有存在的必要了，所以格力提出"不需要售后服务的产品是最好的服务"。

就现在消费者市场的总体状况来说，消费者对质量的关注已经远远超

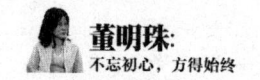

过了对售后的关注。没有消费者愿意买到商品之后，经常为了商品的维修奔波，这样不仅会花费消费者的大量时间，也会使他们无法舒适地享用商品。因此，在完美的产品和优质的售后服务面前，消费者当然会倾向于没有后顾之忧的完美产品。

"没有售后"的企业意味着质量的绝对上乘，意味着企业已经对其产品完全自信。格力电器就是力求做到这样的一个企业。格力电器的每一台空调都要经过多重把关和各种试用才能投放市场。为了保证产品质量，格力电器引进高端的管理理念、设立拥有超过全企业员工八分之一人数的分检厂、对员工实施苛刻的"第一次就把事情做好"的要求，甚至不惜失去市场先机对产品进行试用实验。这一切措施带来的不是格力电器的生产成本增加，而是消费者的信赖、市场占有率的提高。

事实证明，格力电器追求"没有售后"的理念是完全正确的。据市场调查显示，格力电器在售后方面的投入是业内最少的。而消费者不但没有抱怨格力电器售后难，反而对格力电器更加青睐。原因就在于，格力空调质量上乘，消费者放心又省心。

用心做好产品就是最佳营销

随着经济的快速发展，消费者的消费水平和需求也在日益提高，对舒适生活环境的追求，对高品质、高品位产品的需求越来越多，这对企业来说，既是机遇又是挑战。需求增多，企业便有市场，但要求提高，企业则面临产品更新和质量的挑战。

产品质量好坏或服务质量的优劣是决定企业素质、企业发展、企业经济实力和竞争优势的主要因素。质量也是争夺市场最关键的因素，谁能够用灵活快捷的方式提供用户满意的产品或服务，谁就能赢得市场的竞争优势。所以产品质量对于企业的重要性，不言而喻。不注重产品质量，最终会寸步难行，功亏一篑。质量是企业综合实力的表现，是企业日常运营的首要话题。对于一个有理想的企业来说，对质量的高要求必须落实到日常生产的每一个环节，落实到企业的每一名员工心中，在全厂范围内形成牢固的质量意识。

作为全球空调行业的领军企业、中国家电企业的代表品牌，格力电器一直秉承"追求完美质量，创立国际品牌，打造百年企业"的质量方针，实施全面质量管理和"精品战略"，用实际行动严格贯彻其"倾心倾力做精致空调"的承诺。董明珠说："一个企业要真正的真诚到永远，对消费者负责任，就是送去好的产品。我的产品好，消费者的口碑好，消费者对我们有信心，我们就有市场。"她是这样说的，也是这样要求自己和格力人的。

"用心做好产品就是最佳营销。"这是董明珠这位"销售女皇"多年来的销售心得，也是她对格力电器一贯的要求。董明珠常常自信地说："我们提供给消费者的不仅仅是产品，而是舒适的生活环境。"许多人质疑她这句话的狂妄，但是从另一方面说明董明珠的狂妄来自格力空调真正的好品质。近年来的市场反应表明，格力电器做出的空调完全能够为消费者提供舒适的生活环境。第一，它知冷知热性能非常好；第二，它噪音很小；第三，它维修率低，消费者的生活质量不会因为空调频频出现问题而受到影响。多年来，格力电器秉持着对消费者负责，对经销商负责，对股东负责的态度，经过严格、先进的质量管理，产品获得了全球100多个国家众多用户的青睐。

如今，走进格力空调制造工厂，走进格力噪音实验室、环境实验室，时时刻刻可以感受到对于质量管理的严肃和专注。在这里，格力推行卓越绩效管理模式以及国际先进的"六西格玛"管理方法，从产品开发设计的源头开始，格力电器所有产品出厂前一定要经过数十个环节，各种实验室的严酷考验，只有经过严格检验的成熟可靠的产品才能推向市场，使格力

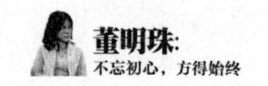

电器的质量管理水平稳步迈向世界一流企业的行列。格力在管理方面采用该创新模式，不仅能够严格、集中和高效地改善企业质量流程管理的实施原则和技术，而且还包含了众多管理前沿的先锋成果，以"零缺陷"的完美商业追求，带动质量成本的大幅度降低。

在生产工艺水平方面，格力不仅有适应多种工质的智能总装生产线，而且通过室外机管路的充氮焊接工艺、高效精确的冷媒灌注工艺、系统双向过滤杂质工艺、带模拟工况自动商检系统和自动打包、套包工艺的配合，形成了一套高质量、高效率的整机生产流程。

在格力电器，有一项"八严方针"扎根于每位格力人心中，即"制度要严格实用，设计要严谨扎实，工艺要严肃且踏实执行，标准要严厉并符合消费者的实际需求，服务要严密诚实，教育要严明务实，考核要实事求是，处罚要有实效"。概括起来就是"严格的制度、严谨的设计、严肃的工艺、严厉的标准、严密的服务、严明的教育、严正的考核、严重的处罚"。这"八严方针"为格力电器营造了良好的质量管理氛围，员工谨记"质量第一，顾客满意"的企业精神，于是"好空调，格力造"便声名远播。

产品质量是品牌价值的基石，能体现企业的技术含量和文化。没有质量就没有品牌。长期以来，中国产品在国际市场上的总体形象是质次价低，这与中国企业落后的质量观念和质量管理体制不无关系。注重产品质量对正处于品牌经营起步阶段的中国企业来说有着尤为重大的意义和作用。

怎样才能生产出质量过硬的产品，从而在竞争中获胜呢？企业决策者必须做到以下几点：

1. 制定严格的制度，用制度保障品质

企业制度规范着企业日常经营行为，对企业发展起到引导和促进的作用。企业要想生产出优质的产品，就必须有一套完善科学的质量管理制度。这项制度必须包括以下几方面的内容：重申并贯彻执行国家全面质量管理的工作方针、政策和规章制度；对企业方针与全面质量管理制度的贯彻实施，以及各部门车间的全面质量管理工作进行检查、督促、协调和考核；组织管理群众性的质量管理活动和评审、奖励，以提高员工积极性；适时推广质量管理教育；组织并指导从新产品研制设计、生产制造、辅助使用、服务等生产全过程的质量管理工作，完善和健全质量保证体系；对全厂以及各级质量责任制为核心的质量保证体系实行监督和检查的具体办法。

2. 质量管理要全面进行

推行全面质量管理模式，层层把关，人人负责，才能使质量控制在每一个问题产生的源头。产品最终质量的上乘取决于生产产品的各个环节工作质量的上乘。一旦其中的某个环节出现差错，哪怕是很小的差错，产品的质量就会受到很大的影响。

3. 抓质量，质量意识是关键

产品质量取决于过程质量，过程质量决定于工作质量，工作质量最终取决于员工的素质。无论是产品质量、服务质量，还是工作质量，归根结底取决于制造产品、提供服务、进行管理的人的"质量"。所以，要高度重视每位员工的作用，充分调动员工的积极性和创造性，最大限度地保证产品质量、服务质量和工作质量。质量是企业的生命，质量意识是企业生命的灵魂。因此，要提高产品质量，必须要先增强员工的质量意识。

不拿消费者当试验品

在产品制造上，格力有一个与众不同的设计理念——不拿消费者当试验品。每一款格力空调在设计前都要经过长期、缜密的市场调查，设计时站在用户的角度，尽最大努力满足用户实际和潜在的全方位需求。而每

董明珠：
不忘初心，方得始终

一台格力空调在出厂前，必须在170余个具有国际领先水平的实验室里过五关斩六将，经历恶劣情况下的长期运转试验，环境与老化测试，盐雾试验，潮态、噪音测试，高低电压启动测试，长途颠簸试验……从方方面面确保送到用户家中的产品具有普通品牌难以比拟的优异品质。

质量是一个产品销售的前提，任何一个产品，只有具备了良好的质量，才有可能卖个好价格，才敢跟渠道大户叫板，才敢说花钱的广告促销比不上消费者的口碑促销。当有人把格力空调的竞争力归结为销售模式或者售后服务时，董明珠却有着截然不同的观点，她认为格力产品的竞争力是"产品力"。她说："仅仅营销还不够，产品才是第一。"

1991年，格力电器刚刚成立的时候，已经是空调行业的"迟到者"了。不但年产值不高，销路也非常不好。但格力人没有自卑、没有气馁，他们坚信"别人能做好的，自己也能做好"。在这样的信念之下，格力的设计人员不分昼夜地边设计边出图。董明珠曾在接受记者采访时说，格力电器有一个很好的团队，他们对工作兢兢业业，没有时间陪家人，家属甚至闹到公司来。

当然，格力电器对产品质量的关注也经历了一个由重视到十分重视的过程。在这个过程中，格力电器也因为质量问题陷入尴尬中。1994年，在意大利首都罗马，一家正在装修、即将开业的餐厅里，当安装工人们在安装从中国运来的格力空调时，一台正在试运行的空调发出"哗哗"的响声。这件事情并没有引起当时格力高层的足够重视。然而，朱江洪和董明珠却忧心忡忡：如果格力空调的质量一直停滞不前，那么得到的结局一定是消费者对格力的失望。于是，他们决定，即使放慢企业发展步伐，也要严把质量关。

从1995年开始，格力电器开始了全面的质量整顿。设立零部件筛选分厂，进厂的每一个零配件，都要经过各种检测，合格后方能上生产线；制定"总经理12条禁令"，对生产过程中最容易发生问题的操作做了"不近人情"的规定,任何员工只要违反其中的一条,一律予以辞退或开除。一系列"心狠手辣"的措施,稳步提升了格力空调的质量。

1996年发生的一件事情,就能充分显示出格力电器对消费者的负责态度。当时,格力"冷静王"分体式空调投入研发阶段,该款产品的能效比达到3.35,噪声仅34.2分贝,一旦问世,就将成为当时国内噪声最小、制冷效果最好的空调。

变频空调在当时的中国空调市场是一种全新的技术,许多厂家都争先恐后地学习、购买或者自主研发这项技术,几乎到了"谁掌握变频技术,谁就是赢家"的地步。格力电器这一消息在当时可谓一石激起千层浪。为了抓住"机遇",抢得第一桶金,许多厂家都赶在格力电器之前推出变频空调。然而,一项技术的开发是需要充足的研发时间的,匆忙推出的变频空调无疑是不成熟的。结果可想而知,很多产品出现了"死机"现象。

董明珠没有跟风去抢占所谓的市场,因为她知道,凭借先机抢占的市场只能是暂时的,只有通过过硬的质量打拼出来的市场才是永恒的。在董明珠和格力人的不懈努力下,格力电器的变频空调拥有了诸多过人之处。比如,同样是一片风叶,格力电器是在研究如何使它的风量更大,噪声更低;同等输入功率的前提下,格力空调的制冷量力争要比同行多输出哪怕是0.1瓦。

经过一年的时间,变频空调终于研发制造成功。就在业内人士都等着欣赏格力电器历经一年研发的新产品时,董明珠却扫了大家的兴致。她没有将变频空调销往市场,而是先在格力驻各地办事处开始试用。许多经销商见到这款空调,纷纷向格力方面要货。但格力却本着"不拿消费者当试验品"的信条,坚决不将不成熟的产品推向市场,拒绝了众多经销商的要求。董明珠认为当时所掌握的变频技术尚不成熟,需要经过反复研究测试才能下最终结论。

董明珠：
不忘初心，方得始终

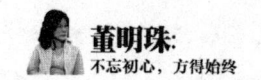

  这一测试就是4年，等到最后结论出来，决定大量投入市场的时候，时间已经到了2000年。虽然从时间上来说慢了一拍，但正是格力变频空调卓越的性能和质量一举获得了消费者的普遍赞誉，消费者也由此看出了格力对待产品负责任的态度。

  随着市场竞争的加剧，格力创造性地提出了一个"整机6年免费保修"的口号。董明珠说，之所以提出6年这么长的保修期，是因为格力对自己的空调质量有着充分的信心，格力电器制造的每一款空调在六年内基本上不用进行任何维修。这一次提出的"10年免费包修"更是彰显了董明珠对自家产品质量的信心。

  三十多年来，随着市场竞争的不断加剧，许多空调企业的影响力都已经不复从前，甚至转行或者倒闭。而格力电器却能一步步走向强大，最终成为空调行业的领军人，原因有很多，其中最重要的一条就是格力电器对消费者的忠诚。

  作为一个品牌，首先应该维护自己的声誉。而声誉是通过消费者的口碑树立的，消费者如果说它不好，他自己感觉再良好也没有用。只有获得消费者的青睐，品牌才能形成影响力，产品才能有销路。消费者是企业盈利的源泉，是企业的衣食父母。从消费者中来，到消费者中去，一切以消费者为中心，一切以消费者为皈依，应该成为任何一个有理想的企业的政策基石。格力电器在工作中有一条不成文的规定，那就是：消费者高不高兴，消费者满不满意，消费者答不答应。

  一个企业要想获得消费者的青睐，质量是第一关。随着社会经济的发展，人们的生活水平不断提高，消费者在进行消费时，价格已经不再是他们选择商品的第一考虑要素，质量则越来越重要。消费者都希望购买的商品物美价廉，实用性强。对于空调行业来说，消费者的要求当然是所买空调具有制冷效果好、安静无声、维修率低等优点。没有消费者愿意选择一款总是要进行维修的空调。所以，没有质量就没有市场，没有质量就没有效益，没有质量就没有发展。

不重视质量的企业是对消费者的不尊重。一个产品不是经受得住消费者的考验就是好产品，而是从投入市场之时，厂家就坚信其是好产品的产品才能算得上是完完整整的好产品。因此，企业在和消费者打交道时，不能存有侥幸心理，要踏踏实实保证质量的上乘。

一路走来，格力电器始终秉承着"不拿消费者当试验品"的经营理念，从产品的研发到制造，再到售后的每一关都严格把关，力争质量的上乘。一旦发生质量问题，哪怕失去市场先机，哪怕丢掉已经占有的销售阵地，也要认真处理、及时提高。正是由于董明珠和格力人的这份认真和负责，如今的格力已经笑傲群雄，再也不是那个年产值2万台、处处碰壁的小厂了。

与经销商共赢，才是真的赢

销售渠道解决的是产品或服务在什么地方提供给顾客，消费者在什么地方能够找到销售者。按照经典的营销学定义，销售渠道是促使产品或服务顺利地被使用和消费的一整套相互依存的组织。企业渠道建设水平的高低，对产品的市场占有率的提高有着至关重要的作用。销售渠道的建设是企业销售战略的重要组成部分，它直接决定了企业产品市场的开拓，决定了企业产品的最终销售，也就直接决定着企业的经济效益。在我国，由于市场经济体系建立较晚，市场终端组织的形态单一，企业在营销渠道组织上缺乏对成员的选择余地，营销渠道管理大多处于松散的契约合同管理状态。近年来，越来越多的企业意识到渠道建设的重要性，企业围绕渠道建设方面进行的竞争也越来越激烈。

信息化社会的市场竞争强调的就是速度，产品更新换代快、消费者行为变化快、竞争对手反应敏捷、信息技术日新月异等因素，都制约着市场

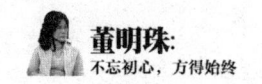

营销渠道建立的模式。因此，精简、富有弹性、互动、极具效率并且高度自动化、网络化，将是营销渠道在信息化社会设置的基本原则。为此，格力电器选择"区域性销售公司"的渠道模式。这一模式不仅是董明珠从事销售业的经验结晶，也是中国销售渠道建设的首创。

董明珠与国美黄光裕正面交锋事件被媒体炒得沸沸扬扬，一时间业内对董明珠的质疑此起彼伏。国美是电器大卖场，是电器制造企业主要的销售渠道。董明珠与国美交恶无疑是自断销路。然而，格力电器对自己的销路并没有任何担忧，因为它那时就拥有了自己独特的"区域性销售公司"。这种销售模式被格力电器奉为开拓市场的法宝。

1996年，空调制造商挑起"空调大战"。经销商也被迫地卷入了这场恶性竞争中。为了抢占市场，经销商开始竞相降价、窜货等恶性竞争。当时格力在"空调大战"最激烈的湖北地区拥有4个空调批发大户。这四名经销商在混乱中也慌了手脚，盲目地跟风降价，格力电器的市场价格被打乱。董明珠几次亲自跑到湖北，动员当地的大经销商和厂家并肩作战。1997年年底，董明珠的大胆设想与湖北经销商的自觉要求不谋而合，成立了一家以资产为纽带、以格力品牌为旗帜，互利双赢的经济联合体，"湖北格力空调销售公司"于1997年12月正式诞生。

这种股份制区域性销售模式的实质是：制造商与经销商共同出资参股组建销售公司。这样制造商与经销商就被捆绑在一条战船上，组成"利益共同体"，共同操控和占有区域市场，达到共赢的目的。湖北格力空调销售公司在成立后的第二年就使销售上了一个新台阶，增长幅度达45%，销售额突破5亿元。此后三年，格力空调的销售实现了飞跃式的增长，销售额从1997年的42亿元增长到1999年的60亿元，2004年时已达138.32亿元。

湖北格力区域股份公司是格力首创的中国第一家由厂商联合组成的区域性品牌销售公司，它标志着董明珠理想中的"股份制区域性销售公司模式"计划的正式实施。这种以股份制组成的销售公司模式是：统一渠道、统一网络、统一市场、统一服务，开辟了独具一格的专业化销售道路，统一价格对外批货，共同开拓市场，共谋发展。在这种合作关系中，格力只输出品牌和管理，在销售分公司中占有少许股份。此种模式被格力迅速推向全国，先后在重庆、安徽、湖南、河北等全国32个省市成立了区域性销售公司，成为格力空调参与激烈市场竞争的"杀手锏"。

近年来，格力电器在空调制造业风生水起，市场占有率越来越高，很大一部分功劳来自渠道建设。格力电器的渠道建设有以下三方面的优势：

1. 人脉优势

企业的人脉优势不是靠决策人的努力建立的，而是靠诚信践诺、制度严谨、执行到位的企业文化所产生的。成立多年来，格力电器一直严格要求自己，建立完善科学的公司制度，并坚决维护制度的最高权威；坚持诚信经营，从不拿消费者做试验品；坚持自主创新，不断为企业注入新鲜血液等。这一系列优秀的企业文化为格力电器聚拢到一批大户经销商。在和这些大户经销商的并肩作战下，格力电器开拓了广阔的市场。

2. 返利政策

这是一种淡季贴息返利、年终返利，甚至不定期返利的政策，能够很好地稳住经销商。格力的年终返利，也是一种有中国特色的销售模式。在外国，商家赚的纯粹是差价，而在中国的格力，还有返利。返利政策得到了拥护，做格力空调就等于进了保险箱，不会亏本。

3. "股份制区域销售公司"模式

通过相对清晰的股份制产权关系，很好地解决了利益的创造和分享的问题。在客观上，发挥了各区域经销商的主观能动性，并充分地整合与调动了当地文化的把握及人脉资源；在业务上，各地销售公司是总部的一个营销部门，并受总部的业务管理；在形式上，销售公司是独立法人，是一个产权非常明晰的企业，有了良性的产权激励机制。总部给销售公司提供品牌和市场，并实施监督，其他的一律下放给销售公司；销售公司有制定价格和政策的权力，有很大的自主权。这样也同时培养了各经销商对格力品牌的忠诚度，统一了价格体系，真正成了利益的共同体。

格力渠道体系自上而下分工明确，组织严密。格力空调省级合资经销商由省内最大的几个批发商同格力电器合资组成，负责对当地市场进行监控，规范价格体系和进货渠道，以统一的价格将产品批发给下一级经销商；各地市级批发商也组成相应的合资分公司，负责所在区域内的格力空调销售，但格力在其中没有股份。此外，格力公司负责实施全国范围内的广告和促销活动，而当地广告和促销活动以及店面装修之类工作则由合资销售公司负责完成。格力专卖店体系是区域渠道联营体直接管理，由区域联营体或下级经销商自建而成。格力先后在32个省市成立了区域性销售公司，这些分支机构开拓了近万家专卖店。

对于空调制造业来说，由于产品的耐用性和市场的供大于求，渠道建设就显得尤为重要。加上市场竞争的日趋激烈，竞相降价、窜货等恶性竞争事件层出不穷，建设优良的销售模式已经成为企业综合竞争力的重要组成部分。格力电器"区域性销售公司"渠道模式，将外部成本内在化，充分考虑渠道商与制造商之间的价值贡献而重新调整权责利，形成新的公司治理结构，是未来公司渠道建设和治理优化的发展方向。

重视经销商的想法和意见

经销商，顾名思义，就是产品从企业产出到消费者使用之间经过的渠道。经销商从企业购买货物，转手卖给消费者，是企业和消费者之间的中间环节。经销商的存在为企业免去了到处找销路的麻烦。企业只用将产品批量卖给经销商，就能够实现盈利。如果不能很好地处理与经销商之间的关系，企业在产品销售上将陷入困境。因此，和经销商搞好关系是现代企业，特别是制造业必须重视的事情。格力电器十分重视与经销商的关系，提出了"忠诚、友善、合作、共同致富"的合作原则。对经销商，不论大小，格力一视同仁，真诚相待，政策一致，平等合作，互利互惠。

企业只有一个永恒的目标，就是利益或价值的最大化，就是要保持企业盈利能力的持续提升。怎样才能做到这一点呢？办法只有一个："开源节流"，即降低成本，打开销路。在中国市场经济发展初期，打开销路似乎非常简单。只要选择一个媒体，连续投入一些广告，产品的品牌影响力就形成了，经销商就会随之而来。然而，随着中国市场经济发展的不断深入和完善，简单的产品宣传已经无法满足经销商选择上游企业的需求。于是，如何获得经销商的青睐成了打开销路的当务之急。

任何人都希望被尊重，都希望自己的想法和意见得到足够的重视。作为企业销售先锋的经销商更需要话语权。经销商虽然实际意义上并不是上游企业的一个工作单位，但却是上游企业不可或缺的一部分。正是这种若即若离的关系更容易造成经销商对企业的疏远。由于运营方式的需要，他们与企业生产主体脱离，为了开辟产品销路驻扎在全国各地，从实地距离上就与企业有种疏离感。如果企业不能够及时听取他们的想法和意见，他们对企业的疏离感更加强烈，慢慢地就会离企业而去。因此，重视经销商的想法和意见是企业保证经销商忠诚度的重要手段。

经销商常年在本地从事销售工作，对当地市场状况和市场购买能力了解得最为深刻。另外，他们以经营为生存之道，并且大多数都是个体经营者，对待市场和工作的态度最认真，对于销售各项事宜更为尽心尽力，对于什么样的顾客推介什么样的产品，分析得更准确。他们掌握着大量对企业开辟销路非常有利的信息，可以说是企业收集市场信息最有效的渠道。对此，董明珠认为，经销商在企业销售工作中应该更具有话语权，企业应该给以经销商充分的空间和条件去阐述自己的见解，为企业销售出谋划策。

格力电器在重视经销商的想法和意见上做得非常好，堪称空调制造业的楷模。格力在处理与经销商的关系上，十分讲究"诚信"，不欺骗经销商，对经销商说一不二，承诺就一定兑现，不承诺还会给经销商惊喜。所谓"代表经销商的利益"，是主动代表，而非被动维护，因此格力对经销商很有凝聚力。曾有格力的经销商这样感慨："格力最吸引人的地方是它说一不二和说到绝对做到的风格。格力的各种销售政策、返利、奖励办法等凭业务员的一句口头通知就生效。"

为了解决大部分经销商资金压力大的问题，董明珠殚精竭虑终于想出了一个万全之策，那就是以银行做第三方。2001 年之前，经销商的汇款都是现金支付。经销商手中有多少钱，就能买多少钱的货物。现有资金全部或者大部分用在提货上，经销商必然会陷入资金吃紧的窘境。而 2001 年之后，格力电器允许客户以银行承兑汇票预付货款，经销商向银行借贷，将承兑汇票作为货款付给格力电器。

以银行承兑汇票的形式收取预收款对格力电器和经销商可以说是一个双赢的方案。对格力电器而言，一旦经销商的销售出现问题，银行会出面解决，格力电器不会蒙受太大的损失；对经销商而言，银行承兑汇票最长 6 个月的期限应该足以将货物销售出去，所付出的代价不过是在银行存入一定比例的保证金而已。另外，银行承兑汇票的形式打破了经销商在资金上的限制。只要市场稳定，经销商可以购入超过现有购买力的货物，一定程度上也提高了格力电器的销售额。董明珠的这一举措，无疑是从经济上为经销商们着想，减轻了其经济上的负担，也大大提高了销售产品的积极性。

任何商业行为都是为了利益，经销商也不例外。董明珠站在经销商的立场上考虑，尽格力所能增加经销商的利益。使经销商参与到企业的股份中来，让他们从股份分红中得到利益无疑是最有效地增加经销商收益的方法。2006 年，格力电器首先拿出总股本 15% 的股票发放给经销商。考虑到经销商的资金实力，这些股票的价格非常优惠，远远低于股票市场的一般水平。第二年，格力再次宣布将10%的股权转让给10家业绩良好的销售公司。格力电器的这项举动不仅增强了经销商的归属感，而且以股票做纽带，把经销商和格力电器的利益更加紧密地捆绑在了一起，充分调动了经销商维护和提升格力品牌的积极性，形成经销商与格力共赢的局面。

除了替经销商排忧解难、对经销商让利之外，格力电器还非常重视经销商自身素质的提高。不断提升自身能力是每个积极向上之人的基本要求。为了满足经销商的这些要求，格力电器定期对其进行业务培训，由企业出钱请高校的名师根据企业文化、企业发展中面临的市场问题设置课程，对经销商进行全面的业务培训，以提高其销售技能和素养。

从以上种种可以看出，董明珠十分重视经销商的想法与意见，不论是在发展困难时期，还是在企业不断壮大发展时期，都不会忘记倾听经销商的心声，真正地实现了与经销商合作的原则：忠诚、友善、合作、共同致富。

对于企业来说，经销商不仅是销售产品的出口，也是生产商建立企业形象，让消费者产生购买欲望的信息载体。井然有序、氛围良好的卖场给消费者传达的信息是商品生产厂家的良好形象；相反，态度恶劣、消极倦怠的经销商会让消费者对商品生产企业形成不良印象。如何才能不断改善和提高经销商的工作态度，重视他们的想法和意见是最主要的手段。倘若经销商认为自己的话语权受到压抑，就会对企业产生不满甚至抵触情绪，工作积极性自然无法提高。而企业如果能够给予经销商充分的话语权，他们就会认为自己得到重视，认为企业的兴旺发达是自己分内的事，就会积极配合企业的销售工作。

打造专业代理营销模式

领军空调制造行业的20000多家格力电器在全国拥有7000多年专卖

店，凭借"厂商股份联合经营销售模式"连续二十多年在同类行业国内销售第一。格力电器能取得如此辉煌的成绩，与董明珠所领导的营销模式是分不开的。而格力电器的营销模式也是随着时间的不断发展而变化的。三十多年间，格力电器的营销模式经历了初级的推销，发展到了今天高级、完善的专业代理营销模式。

从建厂之初到1994年的几年间是企业最困难的时期，由于产出能力弱，没有品牌影响力，格力的营销模式一直停留在推销阶段。市场经济发展初期的中国销售市场鱼龙混杂，十分不规范，加之，格力电器处于初创时期市场意识淡薄，在缺乏销售经验的情况下，只能依靠推销人员的个人能力打天下。当时中国还没有专门的销售培训，推销人员只能凭个人本事和个人经验进行销售工作。于是格力电器的推销人员借鉴他人经验，通过大量赊销的方式实现厂商合作，为格力空调初步打开销路。

格力的这种推销模式也引出了不少问题。在市场经济不成熟的条件下，厂商往往沿袭计划经济时的做法，采取先发货后付款的方式，给公司带来了数不清的"三角债"和打不完的官司。与此同时，随着格力空调知名度不断提高，经销商纷纷主动找上格力要求提货。业务量的剧增致使企业内部管理方面的问题逐渐暴露。经销商打款过来提不到货、公司货发出去找不到提货单的事情经常发生。将安徽市场打理得井井有条的董明珠在这时被调回总部，出任经营部副部长，开始大力整顿总部的销售工作。董明珠带领格力业务员们坚持"先付款后发货"的原则，彻底清除公司的"三角债"毒瘤，维护了公司的利益。

随着人们生活水平的不断提高，市场需求急剧增长，普通家庭购买空调的比重逐渐上升。消费群体的变化导致推销阶段的终结，更先进有效的销售模式急需被创造出来。而这一时期的格力电器已经渡过了初创时的难关，凭借对技术创新和产品质量的重视，已经成为国内空调制造业的排头兵，市场上购买格力空调的热情越来越高。此时再靠业务员个人来占领市场已经不行了，必须依靠经营大户开拓市场。

于是，在董明珠的正确决策下，格力电器在1995年通过淡季让利的形式顺理成章地进入了大户模式阶段。这里所谓的大户就是"大型家电销售卖场或者实力雄厚的经销商"。格力电器采用的这种新的营销模式帮助格力电器迅速地建立起全国的销售网络。格力电器频繁的让利活动，使得大户经销商拥有较大利润空间，在他们确认努力推销格力空调能够获得更多返利之后，就会积极地发展下级经销商。大户的销售网络以很快的速度扩张，而格力的销售网络也就同时建立起来了。

尽管这些经销大户都拥有雄厚的资金实力，极少出现推销阶段拖欠货款方面的问题，但是这种大户经销模式又产生了不少新的问题。大户经销商过多地寄希望于惊喜返利而自发"让利于消费者"，这就形成了残酷的价格战。随着价格战的不断深入人心，大户经销商往往变得贪婪狂妄，直接威胁了厂商的形象和利益。

在"超级大户"不断崛起，甚至出现垄断现象的情况下，第三种营销模式应运而生。在这种模式中，董明珠采取的措施是发展大户，均衡大户。"发展大户"即继续培养实力雄厚，对格力电器始终忠诚的经销商；"均衡大户"则包含两层意思，一是划区域经营，二是在一个区域内培植多家大户。

为了进一步完善第三种模式，董明珠又制定出联合代理模式。其核心内容就是以资产为纽带，品牌为旗帜，把一个区域内多家大户捏合在一起，成立专营格力品牌的股份制销售公司。在这种模式下，厂商把各自拥有的优势加在一起，利益连在一起，最终实现厂家、商家、消费者三得利。此后，孜孜不倦的董明珠又采取了一系列的措施，把联合代理模式向前推进到了一个全新的发展阶段，即专业代理阶段。

这种专业代理模式的特点是制造商以资本为纽带，用品牌把有实力的经销商"捆绑"在一起，直接参与终端市场扩展。这种营销模式大大减少了厂商冲突，并且把经销商注意力转移到了市场终端，对市场展开精耕细作。

格力电器的专业代理营销模式可谓是中国企业在营销渠道上的独创，通过"专业代理模式"渗透终端市场，格力的区域性销售公司既不同于国外代理制的模式，又突破了在中国不能形成总代理的环境，最终跳出了价格竞争的漩涡。

事实证明这种专业代理营销模式无疑是成功的。在这种模式建立并完善之后，格力电器的销售额连年剧增，近十几年来格力电器的销售额一直遥遥领先于大部分同行企业。这种模式具有许多优势：

1. 极大地提高了经销商的风险免疫力

股份制的区域销售公司吸纳的往往都是实力雄厚的经销商，也就是说这种经营模式是强者和强者的联合。消费市场千变万化，单一的经销商即使实力再雄厚，也有寡不敌众的时候，而强强联手就可以形成优势互补，抵御消费市场出现的各种风险。"价格战"是经销商惯用的抢夺市场手段。在价格战打响时，实力稍微薄弱的企业就会落入食物链底端，只能任由大户宰割。而区域销售公司是价格战的克星，其凭借良好的公司形象、多种的经营渠道以及众多的销售人才在不降价的情况下也能占据优势地位。

2. 出货渠道的减少保证了市场的稳定性

区域性销售公司虽然是多个经销商联合成立的公司，但在格力电器的观念里只有联合公司，没有单个的销售商。因此，格力电器在出货时，只会针对区域性销售公司，而不会给每一位经销商都设立一个出货口子。出货渠道的控制避免了因管理不到位或者销售人员徇私而产生的价格高低不一。价格高低不一必将造成消费市场的混乱，很有可能引发同一品牌销售商之间的价格混战，从而影响企业形象。同一款产品在整个市场统一价格对消费者的利益也是一种维护，避免消费者因不慎购买高价产品而造成不必要的损失。

3. 充分调动各方面的积极性

销售公司以股份制的形式把厂商利益捆绑在一起，刺激了商家的积极性。在市场营销中，通常会出现这样的情况，企业将产品销售给经销商就不管不问。经销商没有企业的谋划，没有企业资金实力做后盾，在开拓市场中举步维艰。而这种情况下的经销商输赢都是自己的事情，因此积极性不高。在专业代理营销模式下，经销商和厂家在销售公司中都拥有一定份额的股权，双方都必须对销售公司负责，因而双方的积极性都得到了大幅度提升。

4. 专业代理模式具有顽强的生命力

传统的营销模式靠众多的人力和数不清的经销商开拓市场，一步步深入，速度非常缓慢。通过专业代理模式，格力电器摆脱传统的营销模式，靠品牌和营销创新做大了市场。其他企业要几十个人才能做到的事，格力几个人就能做下去，真正做到了以最低营销成本实现最大的销售收入。

通过不断探索，格力终于建立起了适合自己的营销渠道。实践证明，这样一种营销模式是成功的。在以后的20多年时间里，格力能从一家产值不足200万的小厂成长为傲视全球的空调巨头，先进的营销模式功不可没。但是，没有永远的，没有哪一种模式能包打天下。从前面的介绍我们可以明白，格力的营销模式，是建立在当时家电市场正处在跑马圈地时期，是为了解决当时商品质量良莠不齐、厂家、经销商价格战、劣货假货、冲货窜货等问题而形成的。"金牌销售"出身的董明珠一手设计了以格力销售公司、区域代理商、经销商三层的格力全国经销体系，并集合返点等模式，把所有经销商的利益和格力电器的利益捆绑在一起。从而成就了格力的空调王者之位。

但是世界、市场是不断变化的，随着市场的成熟和规范，特别是线上电商这一新兴渠道的崛起，线下实体渠道逐渐萎缩，整个空调业线下实体门店的总体销售额，近几年出现了明显的下滑趋势，经销商层层加价的价格体系受到冲击。近来直播带货销售模式的兴起，更是直接加剧了厂家和经销商、代理商等抢市场的局面，多方矛盾加剧，必然对格力的传统营销模式和价格体系形成冲击。

特别值得一提的是2020年，这一年受疫情影响，大家电和安装类家电销售严重下滑。7月15日，格力电器发布半年报预告，公司的主营业务受新型冠状病毒性肺炎疫情影响，空调行业终端市场销售、安装活动受限，导致终端消费需求减弱；净利润相比去年同期下降48%～54%，相当于利润直接拦腰折断。而据《2020年第一季度中国家电市场报告》显示，家电市场一季度整体零售额为1204亿元，同比下降35.8%；电商渠道对家电零售的贡献率首次超过50%，达到55.8%。

大势所趋，空调企业必须要加快向线上电子商务渠道转移的步伐，必须要加大电商渠道出货量的比例，格力也只能顺应市场的变化。因此在整个2020年，董明珠亲自参与线上直播13场，一共带货476.2亿，2021年3月在武汉场直播销售额又达到11.4亿元。线上模式拉近了格力总部与终端消费者和小经销商的距离，弱化了传统渠道的销售公司和大型代理商，实现了渠道的利润再分配，提高了渠道效率，通过这种方式，甚至让格力降低了近千元的零售价。在格力电器2020年上半年业绩预告中，也提到了"2020年'格力董明珠店'在全国范围推广新零售模式，公司稳步推进销售渠道和内部管理变革，继续实施积极的促销政策"。

但是，这触犯到了格力庞大的经销商队伍的直接利益，所以，不可避免地，格力与中间经销商产生了矛盾，例如2020年7月，京海担保进行了近五年来的首次减持，持仓从8.91%减为8.2%，还有山东格力销售公司总经理段秀峰的离职，多个经销商转投奥克斯等竞争对手。董明珠为了安抚经销商，公开场合也并不承认这是一场渠道变革，只是说线上直播对线下渠道起到一种辅助作用。

但是实际上明眼人都能看得出来，格力原来的销售体系、营销模式的变革已经势在必行，不可阻挡。关于这一点，董明珠曾经在一次访谈中讲过："就是要敢于革命，我这个模式是1997年组合而成的。20多年了，我们如果不去创新，还孤芳自赏的时候，就是你没落的那一天开始了。"

售前、售中、售后三位一体模式

现代管理学之父彼得·德鲁克说："由于企业的目的是创造客户，那么任何企业都有两个基本功能，而且也只有这两个基本功能，那就是营销和创新。"由此可见，营销在企业中的位置是毋庸置疑的。营销的范围涵盖了企业的所有活动，企业的所有部门都会被消费者纳入考虑的范围，因此都要担负起营销的重任。倘若企业的原料采购部门出现问题，而这恰恰被消费者获知，那么消费者将对这个企业的产品避而远之。

成功的企业就是要充分利用有限的资源，紧密贴近顾客，针对客户的需求创造出令人满意的解决之道。一个企业要想大规模地销售自己的产品、获得充足的利润，就是要为顾客创造价值、增加客户利益和降低他们的购买成本。而想要做到这些，企业的各个环节必须严密配合，不能出现丝毫差错。

正是基于以上认识，董明珠将全面营销观念融入格力电器生产的各个环节，使得企业内外的各个活动领域都为最后的市场营销服务。营销部门将各种各样的市场信息包括顾客对产品有什么需求、他们愿意以什么价格购买、何时何地会需要这些产品，反馈给企业的各个部门。这些部门以市场信息导向不断改进生产工艺，生产出适合消费需求的产品。格力电器遍布全国的销售网络就是凭借着产品适合市场需求建立起来的。正是这些营销观念和对客户的认识促使格力形成了自己独特的运营模式，即售前、售中、售后一体化全程服务模式。

在售前，董明珠严格要求格力人将质量作为第一要务，坚持不拿消

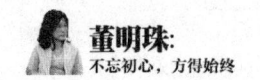

费者当试验品。任何一个产品都要经过十几道检测工序。即使产品已经生产出来，还是不能立即面向消费市场。格力电器会在自己的会议厅和经销商的店铺内进行试用。试用结果完全达标，这批产品才会被大量投入市场。"好空调，格力造"这一句广告词早已伴随着格力空调走入千家万户。三十多年来，格力电器一直把过硬的空调产品质量作为自己的追求。董明珠曾在多个场合不无骄傲地表示，格力今天的成就很大一部分来自格力空调的质量。

要想制造出质量上乘的产品，选择好的原材料是第一步。从2001年起，格力电器通过层层监控加大对原材料采购程序和运作环节的调整。董明珠规定，供应部、外管部、筛选分厂、技术部等工作单位对原材料采购都承担有责任，坚决要求做到"货比三家，质量取胜"。另外，刚正不阿的董明珠把一大批不适应企业要求的原材料供应商拒之门外，即使这里边有自己的亲戚和原来的亲信也在所不惜。她要求原料采购人员要杜绝人情关、亲情关，保证格力空调原材料的质优价平。格力电器设在业内独一无二的筛选分厂也是其保证上乘质量的重要环节。这是一项不产生任何经济效益的工作，但就是这样的笨办法保证了每一台格力空调都能经受岁月的考验。

董明珠说："没有高品质的产品就没有一流的高端市场占有，同样，也就没有一流的品牌。"她把"第一次就把事情做好"的工作原则带给格力电器的每一位员工，因此，格力人生产出的格力空调质量标准一般都高于国家标准和国际标准，比如一般空调按常年最高气温43℃的气候设计，而格力空调的标准则是常年最高温度在52℃也能正常使用。"第一次就把事情做好"的工作原则使消费者对格力产品成倍地增加信心，形成非常高的顾客忠诚度，而格力也获得可持续的利益增长。

正是基于这些严把质量观的做法，格力形成了区别于竞争者的质量和技术差异性以及优势。质量和技术上的自信让格力打破了空调业的禁忌，敢于对空调进行全方位展示，让消费者能认识到什么是真正的好空调，什么样的原材料所制造的压缩机、换热器、控制器和通电通气管道是高质量的。

在销售过程中，格力电器形成了独特的销售模式，即专业代理营销模式。董明珠说："服务不只是售后服务，而是贯穿于整个生产经营活动。"她采用强调售前、售中、售后三位一体服务模式，并特别强调售前、售中比售后更重要。在销售的过程中，董明珠始终坚持引导经销商以热情、周到的态度服务顾客，提供科学化、网络化、信息化的服务，引导消费者买到自己最满意的产品。把售中的服务工作做好了，消费者的回顾率就会提高。

从售后方面来说，格力电器售后服务被业界广泛称赞。为了保障消费者的利益，格力电器始终推行让消费者满意的贴心售后，全国4500多个格力售后服务网点，2万多名专业的维修服务人员成为全球最高售后服务标准的保证。

空调素有"半成品"之称，比任何家电产品都依赖安装、保养等售后服务环节。彩电、洗衣机等家电产品买回家中就可以直接使用，而空调却需要专门人士的安装。空调安装不到位，其作用就无法发挥。格力电器的安装费一直都是业内最高的，通过高薪待遇提高安装人员的积极性，以保证其安装的科学到位。

格力电器不仅对格力空调的消费者进行售后服务，还对一些"孤儿空调"的用户提供服务。所谓"孤儿空调"就是一些倒闭的空调制造企业生产的空调，或者过了"三包期"无人问津的空调。2008年格力电器成立了"退市空调救助中心"，专门救助这些"孤儿空调"用户。格力主动承担起一些退市空调的维修服务工作，在对消费者负责的同时，也对社会和行业负责。从2008年开始，格力陆续对退市空调品牌进行义务集中救助，以实际行动给予消费者最好的保障，同时促进行业更好更健康地发展。

另外,在"免费保养、6年保修"的前提下,董明珠还倡导了格力空调"8年不跟消费者见面""1+1=0",即一流的产品品质加一流的安装服务等于零烦恼的消费新体验,"没有售后的服务是最好的服务"等超前的服务理念。

总而言之,格力电器提出售前、售中、售后三位一体模式,以其先进的技术、可靠的质量、优良的售后服务,以领头羊的角色独步神州,同时畅销全球。高品质的电器和优质的服务,是大多数消费者追求的。而在消费者心目当中,也一直有"买品质,选格力"的美誉。

基于此,目前格力已经成长为国内空调的第一品牌,销售量、销售额以及知名度、美誉度甚至超过很多知名的国际品牌,在南方某些地区更是占据了一半左右的市场份额。随着市场的变化,顾客需求的多样化,董明珠也将领导格力以高素质的服务人员、规范的服务流程,不断为顾客创造更多的价值。

踏踏实实做好每一个环节

对于一个企业来说,良好的管理是必不可少的。在营销阶段,踏踏实实管理好工作的各个环节,对企业的发展是至关重要的。良好的企业管理可以增强企业的运作效率,可以让企业有明确的发展方向,可以使每个员工都充分发挥他们的潜能,可以使企业财务清晰、资本结构合理、投融资恰当,还可以向顾客提供满意的产品和服务,可以更好地树立企业形象,为社会多做实际贡献。董明珠之所以能把格力做大做强,毫无疑问,是和她高超的管理方式分不开的。

为了使营销各个环节都能顺利进行,格力电器专门制定了销售管理系统。该系统是从实际管理中提炼出来的。因为是实际经验的精华,所以系统思路清晰、简洁、实用。通过该系统的运行,项目的即时进度、完成情况一目了然。流程化管理子系统的应用，使得企业运营各项工作步步相扣，从而杜绝疏漏。不仅如此，这个系统还具有全自动化、高准确性、简洁快速的特点。一个项目的尾款、材料款、维修款等应收款都是自动挂账的模式；销售、送货、安装报表也是自动生成来辅助工资核算；对客户信息和历史记录的追踪查询都是智能化进行的。有了这样的系统，就可以通过互联网访问，随时随地掌握店内情况。鼠标点击完成业务流转，大大提高了工作效率和反应速度。

这样一个销售管理系统为踏实搞好营销各个环节的管理工作提供了保障。从前台、财务、调度、仓库、送货、安装到售后维修、安装，可以说是面面俱到，涉及营销中的各个环节的管理工作。

从前台的销售开单说起，该系统支持多种付款方式，如现金、刷卡、支票，或者其中的两项结合等等，这样就会大大提高便捷度，节省企业和经销商的时间。格力电器的销售环节一般涉及大量金额，人工计算难免出现失误给公司带来损失。为了提高准确度，销售人员都是利用电子系统自动计算成交金额及尾款金额。不仅如此，格力电器的销售管理自动化系统还支持自设置出库仓库；支持发票是否开具标识；支持自设置销售类型；支持格力电器特有的提货状态，如正常、降价、特价、买断价、特批等。

经销商在前台开出提货单据后，并不用带着单据在下游环节到处跑。销售单数据会自动流转至财务收款，由财务部门确认收款方式、金额及发票是否开具。财务部门确认之后，数据自动流转至派工。倘若无财务收款确认，负责派工就不安排发货。倘若一切顺利，空调发货后，财务自动显示是否有收尾款项目。如果尾款未收回，数据会始终挂在财务收尾款的项目内，从而有效杜绝尾款遗漏。在这样一个复杂的付款交货环节内，不需要任何人员走动就已经有条不紊地结束了。

不仅如此，应收空调尾款、材料款、维修款，无须录入，自动生成挂账，一目了然；每天的收款情况也是自动生成收款报表，实现清晰的财务

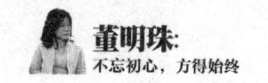

对账。这样的电子化管理要比人力化管理更精准、更简便。

格力电器的这一销售管理系统，能够随时了解已开单项目、有尾款未收回项目、待收款、待送货、待安装、待出库等项目，对每一项目每一环节有效跟踪，及时发现业务运行中存在的问题；能够轻松掌握实际库存和可用库存，随时了解库存情况，库存报表实时准确显示实际库存数量和实际可用数量，给销售提供准确的决策数据。并且，这个电子化系统对每一项目实现闭环管理，有效地保证了格力电器销售策略和经销商信息的安全性。

为了控制企业成本，保证企业资源的充分利用，格力电器制定"谁领料谁负责"的原则。基于这种原则，该电子化管理系统自动挂领料经手人个人账，自动显示未平账领料单。如果领料账单出现问题，问题账单就会一直在财务材料应收款栏挂账，直到平账为止。这就有效地杜绝了假公济私、损公肥私的不良行为。

前台开单后，其他各岗位的操作基本全部是点击鼠标完成。在这项系统中不仅不需要人员走动，甚至都不需要数据录入，各报表和项目进度均自动生成。

总而言之，格力电器的销售管理系统是结合成熟的管理经验和先进的计算机技术设计开发的，是市面上以项目为中心的、流程化的销售管理系统。这个自动化的管理系统的应用保证了销售工作的各个环节有条不紊地进行，不仅提高了准确性、严密性，避免了人工难免出现的讹误，杜绝了不良操作行为的出现，还大大减轻了员工的工作强度，提高了工作效率。

董明珠有自己的一套管理方法，这是她在经验中总结出来的，并且她的管理之道都是很先进的思想。她不会向其他公司老板一样靠下面的员工帮着出主意，她有自己的主见和方法。她喜欢做与众不同的事情，也就是不断地创新。虽然她的许多决策在前期进行时有些困难，但是到最后事实会证明她的想法和决定是正确的。因为她的眼光是超前的，她看到了企业的长远发展方向，她会创新出一套适合自己企业发展的路线。董明珠总是十分坚定，她不怕输，只要觉得自己的想法是正确的，她就会不顾一切地去实践。

正是在董明珠的领导下，格力电器踏实搞好营销各个环节的管理工作。也因为这份踏实，2012年，格力电器成为国内首家依靠单一品类产品实现千亿元营收的家电企业。

第四章

没有规矩不成方圆

　　格力的员工不是怕领导,而是怕制度,这与董明珠"放权管理"、制度监督的思路高度一致。董明珠认为,管理一定要放手,但放手不等于不管,不等于不监督。因为有全面的监督体系,因此才敢放手。近年来,格力电器进入了管理深化阶段,向管理的规范化、科学化的方向迈进,为"打造百年企业,创造国际品牌"做好各项基础工作。

管理只有一种，就是制度

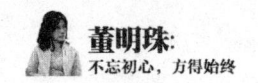

某管理学家曾举过这样一个例子：一架飞机不幸失事，飞机上的 A 企业和 B 企业的老板双双遇难。老板遇难后，A 企业一片混乱，由于临时的"替补老板"没有做好准备，企业出现了群龙无首的局面；而 B 企业却没有受到多大影响，在候补老板的带领下一切工作井井有条。为什么同样的遭遇，A 企业蒙受巨大损失，B 企业却能化险为夷，平稳过渡最后稳健前行呢？差别就在于，B 企业已经建立起了一套完备而系统的管理制度。

是的，制度是最好的老板。董明珠非常认同中国的一句老话："没有规矩，不成方圆。"任何一家企业，都必须有一套适合自己的管理制度。在西方企业，曾流行一句口头语："总统是靠不住的，唯一可靠的是制度。"这句话用于商场是最好不过的了。如果没有一套完整的制度作为保障，管理也就不能称之为管理了。

对于管理，董明珠曾这样说过："我推崇军事化管理。很多人说女性管理者更人性化；我说没有'人性化'的管理，管理只有一种，就是制度，不分男女。管理是企业的根基。"

董明珠初到格力时，感觉格力就是一个无管理状态的团队。所以，在她上任格力的经营部部长时，第一步就是进行管理，而进行管理的第一步就是建立制度。格力就是通过管理来进行改革的。建立制度后，就是坚持制度，从外到内，从容易到困难，从销售到内部，造就了格力的起步。所以，在其他空调厂商纷纷倒闭的时候，格力却在稳步成长。

后来，董明珠发现，技术人员权力太大，形成了技术人员的腐败。针对这一问题，她建立制度，分了技术人员的权，这一问题很快得到了解决。

通过建立制度，董明珠解决了格力的内部问题。"管理只有一种，就是制度。"董明珠是这样说的,也是这样制定公司的管理制度的,更是这样做的。在格力,人行道和车道泾渭分明,如果员工在车行道上走路,就要被开除。有人说董明珠的这一制度太苛刻,但她说:"如果被车撞了,这是人性化吗?"

对公司的管理干部,董明珠更是容不下半粒沙子。她曾定下制度,要求格力1000多名党员全部要佩戴党徽上班。对于这一制度,董明珠是这样解释的:"要重塑党员形象,更重要的是要让员工监督你。干部不好,员工才不好。好的干部,往往是敢于做'坏人';一个事事对你点头的干部,可能正在伤害大多数人的利益。"

的确,一个企业里,若没有明确的管理制度,那么这个企业就会很难管理。可是如果管理混乱,那么组织中的成员就很难遵守组织内部的规章制度,而落实工作就会很难进行,并降低工作效率,以致最后无法实现目标。所以,管理中不但要重视制度,而且,制度的订立一定要合情合理合法。

对于这一点,董明珠感受颇深。她说:"制度、规范,这是不允许任何人打破的,包括我在内,每个人都必须按照制度去履行你的行为,不能随意改变。这也使我给别人一种强硬的感觉,我强硬到'走过的路草都不长,处处都是硬的'。"的确,董明珠给人的印象最深的就是"铁面无私",这一印象的来源可能就是她对制度的严格执行带来的结果。

事实上,企业的内部制度建设是与组织文化的内涵紧紧相扣的,要想使企业制度完善,首先要帮助企业内成员树立价值观,使其形成一个鲜明、独特,能够推动企业全面发展的价值取向与行为准则,让其充分发挥自身的主动性与创造性。

既然是大家共同制定的制度,怎样规定就该怎样执行,这样才能达到令行禁止的效果。反过来说,没有制度仅靠自觉是绝对行不通的,自觉是相对而言的。如果制度建设不到位,许多人就不得不随波逐流,结果就是

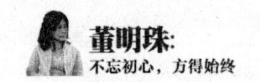

好人变坏人。制度面前，人人平等，只有这样，制度才能被严格地执行下去。在格力，正是本着这样的原则，制定的各种制度才能执行下来；在严格制度的规范下，格力才有了如今辉煌的成就。

　　制度如此重要，所以，格力在订立各项管理制度时，董明珠从来没有疏忽过。她认为，制度的制定要科学合理，这样才能保护大多数格力人的利益。对于没有管理制度或是没有好的管理制度的企业，对遵守纪律的员工来说，就是一种不公平。但如果制度让大多数员工的利益受损，让遵守纪律的员工无法适应，那这样的制度就无法落实；就算是落实了，结果也会适得其反。董明珠为格力电器制定管理制度时，首先考虑到了大多数格力人的利益，所以，对于公司的制度，虽然大家都说严，但没有一个人不服，这也是董明珠的高明之处。

　　此外，董明珠还强调，制定管理制度时，应与团队的组织文化融为一体，不可出现冲突。格力企业文化的内涵就是以人为本，格力在制定制度时，也真正做到了这一点。董明珠认为，企业领导一定要真正地了解员工、关心员工、体贴员工，这样才能制定出符合企业发展的管理制度。否则，只会受到员工的抵触与排斥。所以，在制定管理制度时，要从制度的执行者、检查者与被约束者的心理上，根据趋利避害的本能来制约人的弱点。

　　很多管理制度的制定对人的心理并不了解，结果往往是制约了人性中的弱点，却又放大了人性中的缺陷，以致出现了"上有政策，下有对策"的现象。因此，管理制度的制定还必须要考虑员工的心理和素质水平。对于这一点，在格力电器的管理制度中有充分的体现。

　　管理制度的制定不可能一步到位，因为员工要有一个适应的过程，倘若一次制定的制度太多，则会冲淡当前工作的重点，反之，制度少一点就能帮助抓住当前的工作重点；如果一次制定的制度过多，还会由"面面俱到"变成"面面不到"，这是因为员工无法一次性记住那么多条款。董明珠认为，与其让制度适得其反，不如先做好基础工作，再逐步增加，先把当前的棘手问题解决了，再慢慢去解决长远问题，这样逐一制定、落实，才能让企业得到高效落实的结果。在格力的管理制度的制定过程中，董明珠也是这样做的。

格力制定的管理制度一直是以激励为手段，董明珠认为这一点很重要。管理制度制定的目的，除了要约束员工外，就是用最科学最有效的办法来激励员工。一般来说，激励的力度越大，制度落实的效果就越明显，但落实中遇到的反弹也会越大。所以，企业管理制度的制定者一定要掌握好激励的力度。

制定管理制度时要从小事着想。管理无小事，任何细小的部分都要考虑到，制定的制度才能无懈可击。所以，在格力，无论是办公室里的一个烟头，还是生产线上的重大误差，董明珠都把它作为制度规范下来。制定的管理制度还必须要有可行性，即切合实际。

不管制度制定得多么完美，落实时都会出现各种各样的缺陷。于是，格力在制定管理制度的时候，一直都是逐步完善，稳中求快。制度的执行是考量一名决策者的试金石。董明珠管理哲学的核心其实就是建立制度并严格执行。业内人士在折服于她那种雷厉风行的强大执行力的同时，更感制度执行的艰难。

制度的制定是容易的，但执行却很艰难。如果决策者自身都不能做到公平公正、公开透明，那么，制度与规范必将成为一纸空文。很多时候，执行的困难是并不缺乏对是非的认知，而是决策者自身工作的特殊性让他永远高高在上，很难意识到自己也要按制度办事。其实面临这些抉择的时候，正确地执行也挺容易，只用降低姿态，以普通员工的身份面对企业制度。

严格执行制度是企业各项工作能够顺利进行的基本保证。与此同时，要想使企业各项工作高效运转，就必须在制度执行上依托信息化的支撑。

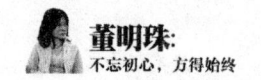

管理制度的执行，单纯依靠各级管理者的强势推进是不够的。在董明珠看来，人力管理容易被人情蛊惑，而且人力管理成本也太高。管理制度化、制度流程化、流程信息化、信息自动化才是低成本的解决之道。通过信息化手段使企业的制度和流程得以固化，使不符合规范的行为被自动杜绝，并通过不断优化形成制度的自动运行机制，使强大的执行力成为企业基业长青的重要基因。

事实上，企业的管理制度并不是一成不变的，它需要不断创新，在落实工作的过程中一旦出现问题，就必须检查制度的合理性，如果不合理，便要改进。俗话说："一兴出一弊，有优必有缺。"在管理制度的制定中，只考虑一面势必会在另一方面出现弊端，所以，管理制度的关键就在于，要对可能带来的弊端掌握在能控制的范围与程度之内。只有这样，所定的制度才能真正合情合理合法。

作为中国商界最具盛名的女性管理者，董明珠曾七次上榜"全球最具影响力的 50 位商界女性"，四次被评为"商界木兰"，并荣膺"成功女性大奖"，成为众多年轻职场女性的偶像。董明珠说，令她最引以为傲的不是作为一个营销高手的头衔，而是为格力电器制定了一整套的管理制度。

有制度不执行，比没制度更糟

在现代社会，许多企业都制定了成套的管理制度、规章标准，大到厂规厂纪，小到领物规定、作息规定，不可谓不完善。但是，有了制度不落实不仅起不到作用，有时甚至比没有制度更糟糕。据调查，凡是发展快且发展好的世界级企业，其领导和员工都具有执行高于一切的意识。在格力电器，董明珠对执行力的理解是任何人所不及的，她认为，在一个企业中，制度一旦订立，就必须严格执行。在执行制度方面，她不但严格要求别人，还严格要求自己。

事实上，没有制度是可怕的，建立完善的制度只是第一步，重要的是将制度落实到位，发挥其效能。我们需要好的制度，更需要扎扎实实地去落实。事实证明，不去执行，再完美的设想都只会是空想，再正确的决策也不会发挥作用，再理想的目标也无法实现！不去执行，再唾手可得的业绩都会化为泡影，再艰辛的努力都会成为无用之功！所以，做任何事，一旦有了好的设想，就要想尽一切办法去执行，否则，便什么意义都没有。在企业中，作为一名组织成员，无论你是领导还是员工，都必须具备执行高于一切的意识，这样才能有效地去执行各项工作任务，并获得圆满成功。

　　其实，人们在做出一项决定时，常常会忘记考虑自己的执行能力。一旦这个决定或制度出台，能否执行便成了最大的难题。董明珠刚担任经营部部长时，一上来就订立了严格的部门制度，当然，这些制度都是与格力总公司的制度相辅相成的。经营部里，迟到早退、喝茶看报、吃零食聊天，都是多年的"传统"。但董明珠不管三七二十一，只要有人迟到早退，在上班的时候吃零食看报纸，一律进行批评或处罚。

　　1994年年底，董明珠摔断了肋骨住进医院，同事们一起去医院看望她，董明珠很是感动。可出院的第一天，她依然不讲情面地对违反纪律者进行批评和罚款。她从不会因为情面而放弃对制度的执行。

　　其实，凡是不能将自己的设想和计划进行有效执行的人，终将得不到成功；凡是不能将计划和战略有效执行的企业，终将无法成为成功的企业。格力电器之所以有今天的成就，与董明珠高效的执行力是分不开的。在格力电器，能够做到执行，对格力领导层来说，这个领导是有水平的；对员工来说，这个员工是有能力的。而不能执行，则说明这个部门的工作效率低下，部门成员的工作能力差。试问，有谁愿意在一个工作效率低下的部门工作呢？有谁愿意成为工作能力差的员工呢？

　　不管是个人还是企业，执行往往都是决定成败的关键因素。有了制度

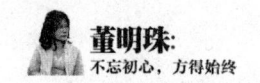

并去执行，我们的企业才能芝麻开花节节高；有了制度并去执行，我们企业的战略才能向前推进，我们的企业才能迎来崭新的未来。

有人曾这样评价董明珠：将自己的人生观嫁接到格力的企业制度上，太过霸道与强悍。对此，董明珠不以为然，她没有私心，再强悍、再霸道，也只是为了格力的利益着想，而非她个人。

下面这个经典的桥段在格力电器早已是众人皆知。

那是2008年的一天，正在工作的董明珠接到了一个电话，电话是一个以前在格力工作过的老朋友打来的，他希望能够重返格力。而且，在格力工作期间，这个人创造了多项发明。后来，竞争者以重金挖走了他。本来他以为以自己的能力可以重回格力，谁知道等来的却是董明珠强硬的拒绝。

谁都知道在格力有一条不成文的规定，那就是从格力辞职的员工，永远不要指望再被格力接纳。董明珠拒绝了那位老朋友回到格力的请求正是在执行着这一规定。

在制度贯彻中，各级人员必须严格按照实事求是的精神，做到有章必循，不各自为政。在执行中，管理者要以身作则，做好员工的表率；在方法上，企业必须依靠员工，上下结合，不搞形式；在处理上，应执法必严、违法必究，不搞"好人"主义，迁就姑息；在总结时，对执行中发现的问题及时修订完善，不可将制度束之高阁。

苏格拉底曾说："要使世界动，一定要自己先动。"商机往往转瞬即逝，一个消极被动的企业只有死路一条。董明珠认为，凡事要主动，消极等待则可能什么也得不到。所以始终比他人领先一步是格力做强做大的关键。

执行力是企业成败的关键，正确分析执行力缺失的原因是改善和提高执行力的基础，所以企业领导者需要清醒面对问题根源，逐层解决企业存在的弊病，从根本上改善企业执行力，减少企业资源的浪费。"一步落后，步步落后；一招领先，招招领先。"作为企业的管理者，必须在身体力行的情况下把这种思想传递给员工。使员工意识到，只有积极行动、事事先人一步，才能抢占先机。否则，制度再好，管理能力再强，迟迟不去执行，也都是枉然。

既是铁娘子，又是柔女子

在这个流行铁腕温柔的时代，董明珠公开声明女性领导不是靠亲和力来解决问题的："我认为人性管理是一种概念上的东西，因为在管理上确实不存在柔性的问题。比如我们工作叫你必须是站在这儿，你说你要躺下来是不是可以呢？不可以。那这就是刚性的东西，所以柔性的东西是不存在的。"董明珠是这样说的，也是这样做的。她在行动中以过人的果敢和智慧赢得了人们的尊敬。董明珠，就是这样一位铁娘子。

董明珠在工作中从来不带半分柔情，她是一个坚持原则的人，她用刚性的管理坚持着她的原则。为了原则，她不惜让影响公司业绩的销售大户走人，可以顶住来自各方的压力来贯彻公司的各项战略。在董明珠看来，办企业就像打仗一样，铁的纪律和制度是成功的保证，在战场上，用柔情是解决不了任何问题的。

管理是刚性的，没有柔性可言，但管理者却要有柔性的一面。对此，董明珠如是说："所谓的柔性管理，我个人的理解可能是某一个员工遇到困难的时候，需要你帮助他，克服困难；或者我们的员工遇到一些技术上的问题，需要再提高、学习，你是不是要去关心他？这些东西跟工作上是两回事，那跟工作上的管理制度不是可以相提并论的事情，所以我一直坚持自己的原则。"

所以说，虽然董明珠在别人眼里是铁娘子一样的管理者，但她在工作中也喜欢用真诚去打动别人，用行动和表率去带动别人、说服别人。而

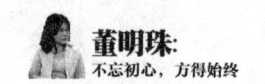

且，她和大多数女性一样，喜欢穿漂亮衣服、看电视剧，喜欢过寻常女性的生活。这时我们才能看出，董明珠既是铁娘子，又是柔女子。

世界上最柔软的有形物质莫过于水了，固有"柔情似水"这一说法。但水又是至刚之物，它可以穿山越岭、奔流直下、勇往无阻，固又有"水滴石穿"的说法。水是最柔的，它的柔可以克刚；感情也是柔的，看似柔软的感情同样可以起到摧坚化硬的效果。所以，董明珠认为，有效运用好感情这一手段，是管理者取得成功的一个关键。

对员工进行感情投资，会使员工产生一种对企业的"归属感"，而这种"归属感"正是员工充分发挥自身能力的重要源泉之一。每个人都不希望管理者把自己视为透明状，更不希望自己有朝一日成为被解雇的对象。如果得到了来自管理者的感情投资，员工的心里会安稳、平静，他们会更愿意付出自己的力量与智慧。在格力，每一个人都把这里当作自己的家一样看待，这种归属感正是来自格力及董明珠对员工的感情投资。

对员工进行感情投资，能有效地激发员工潜在的能力，使员工产生强大的使命感与奉献精神。对员工进行感情投资是对其认可的一种方式，在员工的内心深处，他会对管理者心存感激，认为领导对自己有知遇之恩，于是"知恩图报"，更加尽心尽力地工作。可想而知，格力员工的巨大潜力是从哪里来的了。

此外，对员工进行感情投资，还可以有效激发员工的开拓意识和创新精神。人的创新能力的发挥是有条件的，当心存疑虑时，通常不敢创新，而是抱着"宁可不做，也不可做错"的心理，在这种心理支配下的人们只求把分内的工作做好。而当人们得到了管理者的肯定，与管理者建立起充分的信任感、亲密感后，员工心中的各种疑虑和担心便会消除，从而更愿意把自己各方面的潜能发挥出来。

其实，要对员工进行感情投资，但还必须要严格管理，两者缺一不可。日本管理大师松下幸之助说过："老板要建立起威严，才能让员工谨慎做事。当然，平常还应以温和、商讨的方式引导员工自动自发地做事。当员工犯错误的时候，则要立刻给予严厉的纠正，并进一步地积极引导他走向正确的路子，绝不可敷衍了事。所以，一个老板如果对员工纵容过度，工作场所的秩序就无法维持，也培养不出好人才。"

那么，董明珠是如何把感情这种柔软似水的东西运用到她严格要求的工作当中去的呢？

在公开场合，董明珠总是衣着得体，面带笑容。她对普通员工的工作环境和生活环境非常关注，她绝不允许自己的员工在工作时受到任何负面的影响。格力的员工生病，哪怕是最基层的员工，董明珠也会立刻要求工会组织探望，有时甚至亲自帮助寻医问药。无论在物质上还是精神上，董明珠给予格力所有员工的帮助都是有目共睹的。

有一次，格力的一位部长生病住院了，得到消息的董明珠特地从外地打电话回来，让秘书替自己买一束鲜花去代为看望。回来后，董明珠又悄悄买来一些营养品放在这位部长的办公桌上。总之，格力的员工有什么事需要帮助，在不违背原则的前提下，董明珠都会真诚地去给予帮助。于是，铁娘子一般的董明珠给他人的感觉又变成了邻家大姐，既温柔又热情。

总之，在企业管理中，董明珠的管理经验告诉我们，应该以慈母的手，握着钟馗的剑。也就是说，心怀宽宏，但处理起问题来则要严厉、果断，绝不手软。

营销讲究的是出奇制胜

作为一个现代企业，创新是产品长久赢得市场的关键。世界是不断变化的，现代的企业管理已经过了墨守成规的时代，人云亦云、鹦鹉学舌的做法早已跟不上潮流了，市场竞争要求企业的管理人员要创新性地制定政

董明珠：
不忘初心，方得始终

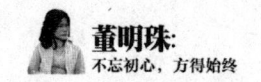

策和开展工作。

董明珠曾说，现代企业经营的最佳策略就是要把创新的理论运用到企业管理和市场营销中去，其中包括企业管理理念的创新、企业营销观念的创新、企业产品的创新、组织团队的创新和生产技术的创新等。一个企业要真正做到这一点，需要管理者随时保持思维模式的弹性，让自己成为新思维的开创者，创新的意义在于紧跟时代潮流，而且一旦发现一种新模式，就要及时捕捉，以免错过时机。董明珠便是这样一个善于捕捉创新时机的人。

董明珠相信，一个再简单不过的信念往往决定一个企业的命运。入主格力后，董明珠设立的第一条商规是"先款后货，决不赊账"。事实上，不管哪个行业，拖欠货款都是普遍存在的现象，空调行业也不例外。但董明珠偏偏不信邪，上任不久便向经销商宣布：凡拖欠货款的经销商一律停止发货，补足款后先交钱再提货。经销商们哪受过这样的"刁难"，谴责声一时起伏不断。

董明珠向来是个我行我素的女人，面对质疑，她斩钉截铁地说："就算所有人这样，我也不随大流。即使100次撞墙头破血流，我董明珠也要撞101次，一定要把这堵墙撞倒。"

1995年，空调业内"先发货后付款"的潜规则被董明珠打破后，格力再也没有出现过一分钱的应收款，创造了空调行业货款百分之百回笼的奇迹。

董明珠的"先款后货"的政策不但没有得罪经销商，而且屡创销售奇迹。当然，格力本身的产品质量是出现这一奇迹的有力保证。质量好，服务好，市场销售好，经销商的信心才会强，他们才会愿意先预付款而后提货。再加上董明珠办事一视同仁，大家都服气。只要是付了款，绝不会拖欠货品，所以，众多经销商几经挣扎、矛盾后，最终不得不向董明珠妥协。其实，他们与之妥协的并不是董明珠，而是自己的利益。

此外,"年底不退货"是董明珠对经销商推出的另一新政。1995 年年初,格力出台了新的规定:年底不允许退货,确实有质量问题的除外;不退货的经销商可获得占其销售额 0.2% 的奖金。这一规定可乐坏了经销商们。我们来举个例子解释这个规定,对于销售额 1000 万元的经销商来说,如果退一台空调,会减少 5000 元的损失,根据格力这一规定,如果一台不退,则会获得 2 万元的奖金。孰轻孰重,一看便知。

格力的这一规定刺激了经销商们的销售热情,经销商们都想方设法地把空调全部卖出去,即使消费者在使用过程中发现了问题,经销商也不再简单地以退货来将问题推回厂家,而是从自身利益考虑,加强售后服务,搞好安装和维护。

年底不退货的规定使格力的销售额大增,同时也使经销商受益。以 1998 年为例,格力销售额 55 亿元,发放无退货奖金 1000 万元,是 1994 年退货额的 10%。同时,经销商们提高了售后服务的质量后,也为格力赢得了良好的口碑,提升了格力的品牌信誉。

1995 年,格力空调的销量高速增长,销量虽然上去了,但淡季时格力还是得向银行大量借债以购买原材料,大批量生产以满足旺季时的空调需求。生产的空调放在工厂对库存造成了很大的压力。当时的银行贷款利率高达 7%,也就是说,格力每年要向银行支付 1 亿多元的利息。这时,董明珠坐不住了,她觉得,与其把这笔钱交给银行,还不如把它用在经销商身上,毕竟厂家与经销商的关系像水与鱼的关系,无比紧密。于是,董明珠提出了"淡季返利"策略,一种全新的厂商合作模式出现了。

空调是季节性产品,通常情况下,4 月份到第二年 8 月份是销售旺季,9 月份到第二年 3 月份是销售淡季。所以所有空调厂商都实行淡旺季两种价格,也就是说:3 月 31 日晚到 4 月 1 日凌晨,一夜之间,空调出厂价至少有 2 个百分点的利差。

几乎所有厂家和经销商都希望把旺季提前一个月,以使得销售旺季可以多出一个月。但这时的董明珠又打破了这一惯例,在别人想方设法把销售旺季延长一个月的时候,她宣布将格力空调淡季延长一个月,4月继续执行3月的淡季价。

董明珠的怪招一出便在空调行业引起了不小的震动。具体来说,董明珠独创的"淡季返利"模式是这样的:在淡季时,经销商向格力投入资金,格力则把生产出的空调发给经销商。这样,不仅解决了格力淡季生产资金短缺的问题,也缓解了旺季时的集中供货压力和库存压力。而经销商们从中得到的好处是,格力会保障在旺季时向他们提供充足货源,且会给他们支付合理的利息。

在"淡季返利"模式下,1995年,格力的淡季回款达到1亿元,比上一年增加了3倍还多。而这一年,格力的经销商不仅保质保量拿到了货,还拿到了返利的6000万元,实现了厂家与经销商的双赢。格力的经销商们都说,这比把钱存在银行要实惠得多。于是,好多经销商们提前预付了全年的货款。

为了提高销售额,董明珠又发明了"年终返利"政策。1996年,在众多空调品牌纷纷降价的形势下,董明珠宣布格力绝不降价。这一政策使格力的很多经销商遭受到不同程度的经济损失。董明珠在别人眼中虽然是"铁娘子",但她和很多经销商的感情犹如兄弟,她不但要保证格力的利益,也要保证经销商的利益。为了对经销商的损失予以补偿,董明珠决定向经销商返利1亿元。不过,这1亿元返利不付现金,而是根据每位经销商销售额的多少计入下一年度。

年终返利对提高经销商的积极性起到了巨大作用,为了得到更多的返利补偿,经销商们努力地去拓展销售网络。可想而知,格力的销售额急速上升。不过,年终返利也存在着一些弊端:例如,格力给经销商们5个点的年终返利,于是,有些经销商在销售产品时便自主降低3个点的利润,以大销量来赚取余下的2个点的利润。还有些经销商,他们不是赚卖空调的钱，而是赚取格力的年终返利。还有更为投机的经销商，把格力空调从甲地运往乙地倾销，不但能在年底拿到高额返利，更对竞争对手造成了打击。

产品在市场上价格混乱，无论对产品的信誉还是市场的稳定都会产生负面影响，会扰乱市场。这些不合市场的违规操作，虽然保障了经销商们的利润，但却严重损害了格力的利益。一些实力有限的小经销商受不了这种竞争，开始退出格力，转而经销其他的空调品牌。

这种弊端该如何解决？董明珠提出了新的限制政策。1997年，格力产品开始实行条形码，限定区域，不允许跨地区销售，以防止冲货现象。但是，实行条形码控制产品流向的当年，冲货现象并没有得到控制，且如同筑坝堵洪水，越堵水涨得越高。董明珠意识到，堵洪不如泄洪，于是，为了解决这一难题，董明珠推出了格力模式。

在董明珠执掌格力经营部一年的时间里，格力销售额达到28亿元，从业内第八位跃升到第二位。我们不得不承认，董明珠是一个能够运用巧妙创意解决棘手问题的高手。她提出的"淡季返利"策略不仅解决了企业旺季产能不足、淡季产能过剩的问题，还解决了经销商旺季供货不足，以及旺季进货价过高的问题。这一政策大大加深了格力和经销商的合作力度，提升了格力在经销商中的知名度。

在格力做大以后，仍然不时推出一些营销奇招，在市场中获胜。比如2010年3、4月份开始，格力突然掀起一场"万人空巷抢格力"活动。活动以"年度最低价，一年仅此一次"作为引爆点。让一向沉寂的空调淡季顿时升温，窜至燃点。活动将房地产业盛行的认筹方式嫁接到家电业销售中。消费者只有先拿到认筹资格才能在买到格力年度最低价的空调产品。由于策划缜密，宣传有力，执行到位，最早实行这一营销方案的山东格力，活动取得空前成功，2天销量突破20万套，震惊业内外。

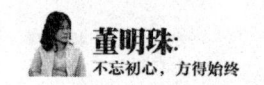

由于活动的巨大成功，业内纷纷效仿。2011年4月初，格力万人空巷抢格力活动如期进行。行业其他品牌一拥而上，迅速跟进。当年的山东家电市场硝烟弥漫。各大厂商在活动主题、宣传策划、销售推广等各环节全面模仿"万人空巷抢格力"活动，尤其是在宣传方式上，各家的促销广告与格力如出一辙。几大品牌在山东各媒体打起了"版面争夺战"。

几大家电品牌在平面媒体上的激烈争夺惊动了当地的宣传部门，于是通知当地的几大平面媒体，不要再刊登带有"万人空巷抢XX"字样的广告。格力最终另辟蹊径，更名为"格力红四月"。随后的几年，虽然热度降温，但是这一营销方法却被继承下来，直到现在仍然在使用。

董明珠说，营销过程如果没有创新，道路只能越走越窄，越来越难走，甚至会把企业做死。那么，怎样才能像董明珠经营格力那样提出有创意的管理策略和营销策略呢？其实，企业管理和营销方面的创新很简单，就是打造差异化。争做某一领域的先头部队，比别人抢先一步，这也是为企业赚取丰厚利润的捷径。

内部管理是重中之重

一些中外大企业的成功事例无不向我们彰显着这样一个真理：管理是企业的基石、效益的源泉。有些企业，因经营不善而举步维艰，甚至关门大吉。之所以如此，是因为这些企业很少能认认真真地坐下来抓企业的基础管理工作。企业管理上不去，自然就没有条件发展也不能把握发展的机遇。

董明珠不止一次在公众场合强调："营销重要，企业管理更重要，营销不是绝对的，企业更应该注重内部管理，如果没有好的管理就没有好的营销。""企业成功一年靠促销，成功十年靠产品，成功百年则来自管理。"在现今社会，科学、技术和管理已成为社会文明的三大支柱，三者缺一不可。客观地讲，人们对管理的需求是普遍存在的，管理的好坏决定着企业组织的效率和效益。在企业管理中，企业的内部管理又是重中之重。

而现实上，管理者虽然积累了一定的工作经验，在其所熟悉的业务领域也说得上得心应手，可是在企业中，带领团队方面却往往存在一定问题。比如，大部分管理者能够给下属安排任务，指点工作，却很难得到员工的信服。而员工也会陷入苦闷，认为领导没有认可自己。如此，企业即使可以完成定下的任务，却很难形成一个向上的核心。试想，一个企业如果每个部门不能团结合作，哪来的凝聚力？没有凝聚力，又哪来的增加效益？

从董明珠进入格力领导层的第一天起，她便意识到，对企业来说，增收节支是有一定空间的，管理上稍一松懈，几万元、几十万元，甚至几百万元、几千万元的资金就会在不知不觉中流失；而严格管理，便能节省下这几万元、几十万元，甚至几百万元、几千万元的资金。这就是实实在在的"效益"。

2007年年底，格力曾在干部大会上提出要"减员增效"。"不是说要裁多少人，而是要增加100亿元的销售收入，员工数量维持不变，通过提高生产线的自动化程度来降低成本。"董明珠曾明文规定，格力的市场人员不能和经销商一起吃饭，如果实在要吃，则必须AA制，以防员工被腐蚀。格力也很少请客，当年，格力这个有4万员工的企业，一年接待费是300万元。董明珠本人也很少在外吃饭，请客户吃饭时总会仔细核对账单，饭菜吃不了还会打包带走，以免增加公司成本。有客户反映，这么大的企业还在乎那一点钱吗？董明珠的回答是："这是格力的管理制度，一分钱不多，但积少成多啊。"董明珠出差时总是住普通客房，身先士卒为公司节省费用。

好的管理本身就有助于提高效率。2013年1月17日，格力电器公布了2012年业绩快报，格力电器2012年实现营业总收入1000.84亿元，同比增长 19.84%；实现归属于上市公司股东的净利润为 73.78 亿元，同比增长 40.88%。

格力的业绩为何增长如此之快？格力电器随后给出了这一业绩大涨的原因。格力方面说：这一业绩主要是公司坚持自主创新，通过技术、产品、管理升级推动企业转型；以技术创新为动力，带动管理创新、营销渠道创新，充分发挥技术领先的优势、品质品牌的优势、全产业链的优势、规模成本的优势；向内部管理要效益，通过提升内部管理水平、深化销售渠道管理、做强自主品牌出口，全面提升公司综合盈利能力。

在董明珠的带领下，格力破了千亿元大关，未来几年，要在"千亿之后"再造一个格力，从 1000 亿元到 2000 亿元。这是一个极其艰巨的任务，这是一个极其艰巨的任务，但从现在格力业绩的增长速度来看，似乎一切皆有可能。这些，都是与董明珠强化内部管理分不开的。

狠抓企业管理尤其是企业的内部管理可以调动员工的工作积极性。搞活企业靠企业家、靠科学技术，但最终作用的对象都要体现在员工身上。所以，只有从管理的角度出发，激励职工的积极性和创造性，才能实现管理的作用。

"大罪可恕，小罪难逃"是企业管理中已根深蒂固的一种观点，即企业员工犯了大的过失反而可以宽恕，人们会认为重大错误往往是客观因素所导致的，因为没有人会故意去犯那么大的错误。而小的错误，比如说上班天天迟到之类的小过失却不能原谅，因为这种小错误往往是由于员工对待工作的态度或是不认真造成的，这是在挑战管理，日积月累则会动摇整个企业根本，所以必须追究。

而董明珠却不这样认为，她认为，大罪小错都是不可饶恕的。董明珠从来不怕得罪人，她认为，在工作中一定要得罪人才能有成效。有些人犯了错误，根本不知道自己错在哪里，这时候的批评教育便会让他知道自己做错了，错在了哪里，以后他便不会犯同样的错误了。不犯错误，便是给企业带来的效益。

强化内部管理时，董明珠从来都是"眼里揉不进沙子"。她不断地和竞争者斗，和不诚信的经销商斗，和公司里有后台的"皇亲国戚"斗，和公司高层领导斗，和已有的陈规陋习斗……所有这一切，她的出发点都是为了格力，而没有一件是为了她自己。她的"斗争哲学"是：在斗争中成长，在斗争中壮大。

董明珠说得好："这不是个人感情的问题，站在个人的角度我完全可以做好人放过这件事，但是从企业的角度必须进行处理。"

董明珠初任格力经营部部长时，经营部已经有了要送礼才能拿到货的风气。这样下去对格力将贻害无穷。于是，新官上任三把火，一股内部整顿的大火很快刹住了这一风气。在董明珠的管理知识中，不论是一家企业还是任何一个组织，都要扬善惩恶，不扬善就不会有更多的人从善，不惩恶就会有更多的人变恶。而"三令五申""下不为例"和"从严从重"并不能解决问题，只有大刀阔斧地进行内部管理才能把众多问题从根上解决。

无可否认，企业只有注重和抓好管理，才能有发展的基础和能力。董明珠在这方面给我们的意见是：企业要彻底转变观念，尽快面对市场，真正把增长放在依靠科技进步和加强管理的方式上来，向管理要效益。

如果我们把董明珠对管理的认识细化，即：建立健全各项管理制度，使企业在管理上有章可循；把企业既定的方针、政策具体、细化到位，一抓到底；把管理落到实处，变"人治"为用机制规范；加强对管理落实情况的监督，增进管理到位；抓管理要讲科学，要学习借鉴国内外企业的先进经验和方法，要有所为有所不为，充分调动各方面的积极性和创造性，促进企业的发展……

董明珠：
不忘初心，方得始终

"如今的格力，已经是一个令全球瞩目的'中国创造'的杰出代表，如果把格力的发展比作登山，此时的格力已经攀到了一个较高的高度。这个时候每再攀登一步，都很艰难，所以我们必须集中全部的精力，使出全身的力气，绝不能松半口气，更不能打软腿。可以说，我是站在格力一个全新的历史方位，来谋划格力的未来，这需要更大的智慧和勇气，以全球视野谋划和实施创新驱动发展，加快国际化步伐。我坚信，格力会走到一个更高的高度，为我们的百年梦想打下坚实的基础。"董明珠以她的傲气向世人证明着一个又一个奇迹。

德在先，才在后

在格力，有"干部决定一切"的观点。干部为何如此重要？干部在企业中到底起到了什么样的作用？举一个例子来说明这个问题：一个企业好比一个人，企业中的"一把手"就是这个人的大脑，企业中的干部便是这个人的脊梁，普通员工则是这个人的四肢，这个人的血液是这个企业的企业文化。

现实中，人的大脑和四肢是被人关注最多的地方，"脊梁"和"血液"常常是被人忽视的地方，但事实上，"脊梁"是支撑躯体健康运动的核心。一个人如果没有了脊梁，就算拥有了世界上最聪明的大脑，也无法让一个躯体正常或健康地运动。由此可以看出，干部在企业中的重要性是无人能比的，干部尤其中层干部是企业的中流砥柱，如果一个企业中有一批好的中层干部，企业便可以成就辉煌；如果中层干部的团队不团结，没有高素质，便会给企业带来灾难性的命运。既然干部尤其是中层干部在企业中占据着如此重要的地位，那么，作为现代化企业和现代企业的管理者，该如何培养中层干部呢？

董明珠认为，要培养一个干部很不容易，要培养一个中层干部更不容易。首先要解决的当然还是一个"德"的问题，德在先，才在后。此外，当一个人拥有权力的时候，也是最考验人的时候。一个员工平时可能很优秀，是人们眼中优秀的人，但当他手中拥有权力后心理便会膨胀，便会出现各种以权谋私的行为。所以说，这时候才是考验一个人的时候，这个人是不是真正优秀的人便能一看可知。

其实，一个人的权力地位上升到一个较高的层次是更容易暴露其内在品质的时候，身处这一阶段的人最容易犯错误。这时候，一个人最需要的不是信任而是监督。在格力，岗位制度和监督机制是比较完善的，且越来越完善。格力对中层干部的监督工作如此完善还得从多年前董明珠在格力做经营部部长时说起。

董明珠在格力做经营部部长时，格力的一位中层干部被另外一家私营空调企业挖角离开了格力，和这位中层干部一起离开格力的还有两名财会人员和8名业务员。这次集体辞职在当时的格力内部乃至整个空调业内都产生了很大的震动，某地的一家报纸甚至对此事件进行了专门报道，一时间，格力内部人心浮动。

当时的格力公司总经理朱江洪意识到事情的严重性。朱江洪是技术出身，以往一直把主要的精力放在产品质量和技术开发上，而忽略了经营部。这次事件之后，他意识到中层干部队伍的建立和稳定对一个企业的重要性。

朱江洪开始反思，中层干部中究竟有多少是不称职的？管理中出现的不足和缺陷如何去弥补？朱江洪决定从经营部开始，进行中层干部的选拔。于是，董明珠在中层干部的选拔中脱颖而出，她从一个最基层的业务员一跃上升为了经营部部长。

董明珠上任经营部部长后，格力对干部队伍的建设更加强化了。从1998年开始，格力把干部培养放在了首位，更加重视对中层干部的培训和教育。

董明珠：不忘初心，方得始终

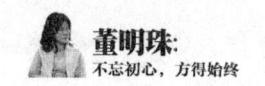

格力开通"总经理信箱"后，被反映上来的很多问题的焦点都集中在中层干部上。中层干部手中掌握着一部分的自主权，于是有的人以权谋私，重用听自己话的员工，打压不听自己话的员工；有些中层干部作风霸道，欺上瞒下；还有一些中层干部，收受各种贿赂。总之，这些问题的存在直接导致格力的管理混乱，直接威胁到格力的自身利益。

2001这一年，董明珠升任为格力总经理。上任后，董明珠更加警醒，她认为，如果中层干部管理难的问题解决不了，格力就难以发展壮大。于是，在格力高层统一意见后，她决定对格力进行改革。首先，董明珠迅速撤换了一批不合格的中高层干部。其次，在格力实行了一场目的明确的改革。于是，一场"大决战"爆发了。

格力改革的内容很明确：杜绝暗箱操作，营造一种良好的公平竞争的氛围；使干部选拔更加民主化、透明化，这种更为公开的方式，使大家都有公平竞争的机会。

这场"刮骨疗毒"让格力电器摆脱了停滞不前的状态，企业管理也彻底走向了规范。2001年，格力电器销售额为70亿元，之后的几年分别为100亿元、138亿元、182亿元，2005年，销售额为230亿元。也正是在这一年，格力电器以1200万台的销量超越了韩国品牌LG，成为空调行业的世界冠军。

在格力十周年庆典结束后，董明珠把所有中层干部拉到外地，开起闭门会，大行整顿治理之风。在这次整顿中，个别恶劣的中层干部受到了严厉处置。在董明珠铁腕治腐的整顿下，格力内部的风气大为改观。

为避免有人以各种借口收受红包和礼物，董明珠在格力专门设置了一个小组，负责对中层干部的监察。公司市场部外出接待的每一张发票，她都会事必躬亲，严格审查，问清来源去向。

有一次，董明珠给一名中层干部打电话时，发现对方支支吾吾，她进行询问时，那名干部说在陪客户。后来董明珠通过别的渠道才知道他其实是在陪家人。了解情况后，董明珠把那名干部撤了职。董明珠认为，"一个人在这种事上都撒谎，如果遇到大事，肯定是不能承担的"。

"公平、公正、公开"的红色条幅在格力是随处可见的。董明珠正是用这"三公"制度性地营造了一个透彻、严明的格力环境，使中层干部在这种环境下健康地成长。

细观格力，可以看出，格力对中层干部的管理监督主要是从以下几个方面做的工作：

首先，要及早发现。对中层干部监督的关键是及早发现中层干部的小毛病。要坚持走基层路线，进一步畅通基层员工反映问题的信息渠道，采取员工监督、领导监督、干部监督等多种方式，充分发挥网络、总经理信箱等的监督作用，通过日常考核和定期考核，多层次、多渠道管理监督中层干部，及时发现中层干部身上出现的倾向性、苗头性问题。

第二，要及早教育。企业可以通过平时的学习培训，加强对中层干部的教育，如反腐教育，开展经常性的自我思想汇报和座谈，不断筑牢其思想防线。

第三，要及早追究。发现中层干部存在问题，要及早查处，严厉追究，且要追究到位。要进一步加强对不胜任现职和不称职的中层干部的调整工作，不断地警示教育全企业的中层干部，形成干部不敢腐败、不敢专权、不敢失责的良好环境。格力在这方面也是做得比较到位的。对于腐败，董明珠从来没有手软过，而且从来都是防患于未然。

此外，一旦发现中层干部身上有"小毛病"，要及时提醒纠正，帮助他们提高认识，矫正思想、工作作风上的错误，做到未雨绸缪，让中层干部对自己在思想、工作和作风上存在的问题有清醒的认识。

董明珠曾说，中层干部的选拔任用和监督管理是相辅相成的，既要选好用好干部，又要加强对中层干部的监督和管理，使干部健康成长。可见，对一个现代企业来说，做好中层干部的监督工作既要从大处着眼，搞

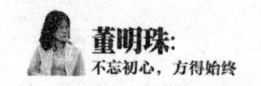

好对中层干部的全程监督，又要从小处入手，及早及时地了解中层干部在工作圈、生活圈中的不良信息，及早发现、及早教育、及早追究、及早纠正，防微杜渐，防止其在违纪违法的道路上越走越远。

管理者一定要以身作则

在日常的生活中，我们发现有这样一种现象：旗手的形象是最引人注目的，尤其是战争时期，旗手的作用更加显著。在企业界，管理者便是企业的旗手。

在企业中，管理者总是员工目光的焦点。振臂一呼，云集响应的号召力绝不是领导的这个头衔能赋予的，在董明珠看来，作为一个管理者，一个企业或团队的领导者，要想有云集响应的号召力，就应该加强自身修养，提升道德品位，在员工面前做出表率和榜样，处处以身作则，去影响员工，去带动员工。不然，员工不信服你，你的管理水平就很难得到发挥，即使员工不明着反对你，他们也会阳奉阴违，暗中抵触。

认识董明珠的人都知道，她对自己和部下都很严格，具体到每一件事上。她经常强调：我能做到，你们一定也要做到。这几乎成为她工作过部门的治军铁律。是的，从企业管理的范畴讲，如果管理者对客户鲁莽无理或说三道四，那么员工也会如此。反之，如果管理者对员工与客户尊重、公平，也同样会在员工身上有所体现。俗话说"打铁先要自身硬"，这是最浅显的道理，也是管理者管好员工最简单最有效的办法。示范的力量是惊人的。管理者一旦通过表率树立起在员工中的威望，整个企业便会上下同心，企业的整体战斗力也会飞速提高。

曾有记者向董明珠提出这样的问题："您在格力是如何向员工倡导奉献的呢？"董明珠的回答是："以身作则。"

第四章
没有规矩不成方圆

1995年，董明珠被任命为格力的经营部部长。用董明珠自己的话说就是"官不大，权不小"，因为当时所有买空调的经销商都要找董明珠签字，在当时来说，董明珠也算大权在握。

旺季时，很多经销商都来格力抢货，但排队等拿货的实在是太多了，有一次，一个经销商找到董明珠的哥哥，托他找董明珠拿点货。董明珠的哥哥对董明珠说："你给他100万元的货，他给我2万元钱。"

帮哥哥拿订单这本身并不违规，还会给格力带来订单收益，这本是两全其美的事情，而且，那一年那个经销商卖了7000多万元格力的产品。按照这个比例，如果董明珠答应哥哥的要求，哥哥便会得到几十万甚至上百万元的好处，家里人富裕了，格力的销量也上去了。但是，董明珠想到的却是另一层面的东西：表面上好像没有什么损失，但丢失的却是一个经销商对你这个企业的信任。

董明珠拒绝了哥哥的请求，她还打电话给那个经销商，并生气地说要停止以后的一切供货。事后，董明珠哥哥给她写了一封信，说她六亲不认，从此断了兄妹关系。后来，那个经销商写了检讨，董明珠才答应按正常渠道给他发货。

有人说董明珠傻，那么一个肥差，为什么不为自己捞些好处呢？对于别人的嘲笑，董明珠总是置之不理。她说："如果由于我个人行为开了口子，这个经销商会在所有的经销商里面传播：'哎呀！到格力要找关系。'这样一来，你就破坏了制度。"在董明珠看来，格力的制度首先是为自己制定的，然后才是为员工制定的。

古人云："善为人者能自为，善治人者能自治。"作为企业的管理者，不能自律，就无法以德服人、以力御人。好的管理者，是这样一些人：要求下级和员工做到的事，自己必须首先做到。只有严于律己的管理者，才能调动员工的自觉性并影响他们朝着良性的方向发展。

自董明珠进入格力领导层之后，在对外合作中一直是格力的旗手，处

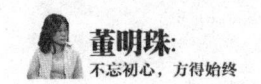

处以身作则，她从不拿客户的回扣，从不吃一顿客户的贿赂饭；在企业内部，她更是带头遵守格力的各项规章制度，从不拿自己工资外的一分钱，也从不为格力浪费一分不应该花的钱；遇上技术难题时，她协同技术人员一起攻关；遇上产品交货期限吃紧时，她陪同工人一起加班加点到深夜。正是在她的带领下，格力的员工产生了一股凝聚力，正是这股凝聚力使格力爆发出了潜在的力量。

所有企业的管理者，都希望有一支高素质的员工队伍。但其实，员工们更希望自己的领导能像个领导，是个事业上靠得住、信得过的带头人。只有这样，员工们才会感到有奔头，愿意死心塌地地跟随。有些管理者，自身疲疲沓沓，说话随便，上班不是迟到就是早退，对别人却处处严格要求，吹毛求疵，这样的领导谁会服呢？

曾经有很多企业也有过优秀的企业制度和营销模式，甚至在技术上也处于行业领先地位，但由于企业的领导者和管理者们不能以身作则，不能带头遵守企业的规章制度，以致上行下效，最后导致企业的崩溃。所以，要想企业有长足的发展，管理者必须身先士卒，率先垂范，只有这样，才能极大地唤起下属的崇敬感。如果管理者自己尽全力专注地投入工作，这种认真的态度便一定会感动周围的人，使他们用主动积极的工作来效仿你。

董明珠把"照我说的做"改为"照我做的做"，什么样的将带出什么样的兵，如果你是董明珠一样的将，自然也会带出格力人一样的兵，创造出格力般的辉煌成绩。

把营销理念运用到管理中去

几乎每个人都知道营销是什么意思，但说起营销理念，可能就有些模糊了。营销理念是企业营销活动的指导思想，是有效实现市场营销功能的基本条件。营销理念的正确与否，直接关系到企业营销活动的质量及其成效。营销理念贯穿于企业营销活动的全过程，制约着企业的营销目标和原则，是实现企业营销目标的基本策略和手段。

董明珠是业内一位有着传奇色彩的市场营销高手。从 1995 年起，她领导的格力电器销量和销售收入、市场占有率连续多年居全国同行业之首。凭借卓越的经营管理才能，用了 11 年的时间，董明珠从一名最基层的销售人员成长为当今中国最大的空调企业的总经理，被美国《财富》杂志评为 2020 年度"全球最具影响力的商界女性"第五名。董明珠的这些辉煌成绩并不是轻而易举得来的，而是得益于她的营销理念和管理理念。

董明珠认为，营销和推销不同，营销是培育市场，而推销只是单纯的交易。她曾经在公开场合说，格力选择的是那些有相同或相似经营理念的经销商。为此，她拒绝过很多经销商，这些经销商有些是因为不能履行格力先付款后发货的原则，有些是因为经营理念与格力相差太大。比如说，当初格力停止向国美发货，董明珠是这样向外界解释的："我都没有和黄光裕（当初的国美总裁）见过面，不能说有什么矛盾，归根结底是两个企业的企业文化不同所导致的。"

每个企业的经营思想不同，做出的决策也就不同，营销模式也就不同。对于不同的营销理念，不能说哪种好哪种不好，最终的效益才是判断经营理念好坏的主要依据。对于营销模式，每个企业都有自己的选择，营销的思路也会随着市场的变化而改变。

在格力，董明珠还特别重视对营销队伍的建设。她认为营销队伍的建设是否成功，在于营销队伍的管理，而不在于营销人员的素质。所以说，营销队伍的建设其实也是管理制度的建设，也可以这样说，是一个集体利益与个人利益较量的过程。在销售渠道中，要培养忠实于企业的人才，只有这样，他们才能为扩大市场而投入大量的精力。

董明珠把营销理念完美地运用到了格力的管理中去，对于哪些营销理

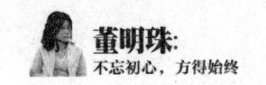

念可以运用到管理中去，哪些营销理念只能作为参考，董明珠再清楚不过了。那么，在格力，哪些营销理念被运用到了管理中呢？

首先，董明珠对产品的品质要求极高，董明珠认为，利润来自专业的品质，所以她坚信，格力要想有更大的作为，必须要专注于自己的优势领域。

优胜劣汰是商业竞争的一个重要法则，谁的产品品质更好，谁就能胜出。当一个企业确定了一个目标后，就必须要全力以赴，这样才能实现这一目标。如果一个企业今天想做这，明天想做那，到头来，会因为欲望太多而分散精力，管理会因此失去规划，也就谈不上聚集财富了。所以，格力的主营产品在很长一段时间里都一直是空调，到目前为止，格力的这一理念一直没有改变。

董明珠认为，做生意要面临激烈的竞争，为此必须有自己擅长的业务，专注于自己的优势领域，并加强这种优势。生意做大以后，多元化、企业转型才能成为现实的问题。

格力发展壮大后，在以空调产业为基础的同时，也在寻找着新的市场和产品。在这一方面，董明珠并没有盲目地进入。因为她认为，一个企业进入新市场的关键在于认准路，成败的主因在于选对路，正所谓"成也萧何，败也萧何"。

管理学家认为，企业要进入新的市场一定要建立在周密的调查研究基础上，要对转型的方向非常熟悉。如果盲目转型，或者盲目多元化，就会走错路。到时候，不但企业转型失败，还会给企业带来灭顶之灾。

当一个企业进入一个陌生的领域，在制定战略时，专业知识并不重要，关键在于摸清基本规律。有效防止由于行业变化而引起的风险，就要对行业的状况有详细地了解，知己知彼，方能百战不殆。

一个企业每次进入一个新的市场都要事先对整个行业进行详细的了解，制定正确的发展规划，做出正确的决策，进行有效的生产和经营活动。只有这样，才能有长足的发展。分析行业状况，主要看的是行业内的公司规模、公司数量、技术水平及行业规范等几个方面。

当然，进入一个新的领域，要尽量地减少风险。对于那些搞不清楚的业务方向，可以每条路都试一试，如果只有一条路可以走，只要代价不是以整个公司为赌注，便可以一试，但前提是要有80%的把握，否则坚决不做。格力电器每次进入新的领域都是相当谨慎的，按董明珠的话说就是：从不会冒着格力被市场淘汰的危险而去满足自己的好奇。

企业进入新市场后，还要警惕多米诺骨牌效应。多米诺骨牌效应是指某一事件所引起的连锁反应，就像一排骨牌一般，领头的倒下，所有骨牌全部倒下。这种连锁反应在经济社会中也是常见的。

企业的生意做大了，管理者们更应该天天提醒自己：企业大了，现在动辄几亿元的项目，输不起啊！此外，管理者们也应该经常提醒自己的员工，做企业不能马虎、得过且过，稍有不慎，就可能再也站不起来。让员工们和管理层一样有忧患意识。忧患意识在格力是随处能感觉到的，董明珠把这种意识早已根植到了每个员工的骨子里，每一个格力人都在为格力节省着每一分钱，都在为格力认真地添加着每一片瓦。

另外，光靠苦干还不足以让一个企业在行业内叱咤风云，现代科技日新月异，既想要游刃商海，便要善于学习科技，理解它对社会的影响作用，对生活的变革作用。只有这样，一个企业才能站在时代潮头，把握科技趋势，抓住商业机会。所以，企业的管理者们一定要有科技意识，掌握未来科技发展趋势，并对与本行业有关的科技了然于胸。对于一个企业来说，不一定要在科技上有所建树，但是起码要善于利用科技提升企业竞争力，不与这个时代脱节。

董明珠已年过五十，但她对现代科技这一潮流的追逐却一点也不逊于年轻人。"格力，掌握核心科技"，相信这句广告语早已经深入人心了。在

董明珠:
不忘初心，方得始终

董明珠看来，任何一个想有所作为的企业，都不能忽视科技的价值和巨大杀伤力。科技创新，已经成为未来商业竞争的关键，失去技术的领先地位，将难以掌握竞争的主动权。所以，在格力，科技是被高度重视的，格力人通过科技的力量提升着格力产品的质量，增强了格力的竞争力。

营销是一个企业正常运转的重中之重，如果要管理好一个企业，就必须把营销理念运用到管理中去。当然，格力的营销理念并不适合所有的企业，但却可以成为我们借鉴的对象，众多的营销理念还需要我们在企业的经营和管理过程中去探索。

第五章

把格力的产品做成一个艺术品

在塑造品牌的道路上，董明珠用最笨的办法做空调，用最诚挚的服务回馈顾客，用最合理的价格引导市场规范。这一切，都发自她内心对诚信经营的无限追求，她用最笨却又最传统、最实用的方式——以诚信来铸就"世界名牌"。

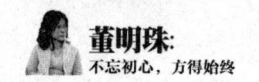

诚信是企业的底线

董明珠从一个普通业务员迅速成长为格力女掌门的传奇，对外人来说可能是一个神话，但对她自己来说却是"很简单"：做人做事讲诚信，不仅对客户、对消费者讲诚信，对公司和员工也要讲诚信，每做一件事都要考虑到别人的利益。

诚信应该是每一位企业的领导者和管理者终生追求的目标。下属往往崇拜智力超群的天才，但是他们更对有诚信品德的领导青睐有加。在格力，董明珠便是这样一个备受青睐的管理者。

正如董明珠所言，当前我国的商业环境并非尽善尽美，企业要讲诚信，是需要付出代价的。一个讲诚信的企业，短时间内可能会吃亏，甚至很难生存，但从长远来看，长期坚持下去，随着时间的推移，在未来是一定会得到更好的利益回报的。

在这个能源稀缺的时代，节能成了各厂家产品的第一要素。以空调行业的节能补贴政策为例，能耗越低，补贴越多，一级能效的国家补贴 500 元，二级补贴 300 元。但是，能耗的高低是否都能准确地检测呢？肯定是不能的，我们不能从外观上分辨出，更不能每台都去检测。于是，很多厂商弄虚作假，把能耗高的空调标注成低能耗。而格力虽然已经自主掌握了多项国际领先的空调节能技术，但标注二级能效的空调还是占投入到市场中空调量的 70%。那些没有掌握核心技术的企业，空调的能效竟然全都是一级的。这一极具讽刺意味的事实说明了什么呢？这中间就有一个诚信问题。那些不讲诚信的企业凭着弄虚作假牟取了不正当的利益。但董明珠却可以很肯定地说："好空调，格力造。"因为格力绝对是讲诚信的。

对于这种精神资源，董明珠不止一次说过：上市公司一定要代表股东的利益。做企业、做产品，首先要从做人开始，做一个诚信的人，这样才能做一个诚信的企业，打造一个有信誉的产品。如果格力也昧着良心把二级能效标注为一级能效，拿回来的又何止几个亿？但这笔横财董明珠是绝对不会要的，用不诚信取得的销售额只会把格力未来发展的路堵死。

对董明珠来说，那些不成熟的产品是绝对不能投放市场的，用她的话说就是不能拿消费者做试验。格力在把产品推向市场的时候，技术、品质一定会达到宣传的那样，误导消费者的不诚信之事格力是不会做的。

在格力的经销商中，一直有着"董姐不好说话"的传言，为什么会有这种传言呢？这还得从董明珠一贯的铁娘子做法说起。董明珠曾说过：经销商有困难格力可以帮助，但前提是经销商必须要遵守规矩，不守规矩便要处罚，甚至于开除出格力的经销网。董明珠是一个言出必行之人，格力人和格力的经销商们都知道这个女人的原则是不可动摇的，于是便有了"董姐不好说话"的传言。

但是，这个"不好说话的董姐"却总是受到经销商的欢迎，哪怕她一再坚定地提出苛刻的要求。董明珠认为，讲诚信是做营销的根本，如果你关注别人，爱护别人，帮助别人克服困难，那么，你关注、爱护、帮助过的人便会努力去帮你分担你的困难。

董明珠刚被任命为格力经营部长的时候，格力拖欠了和其合作的安徽芜湖的一家大型商场一笔款项。董明珠获悉后，立即与珠海总部联系，归还了对方的欠款。当年，这家商场销售了100多万元的格力产品，创造了当时的一个奇迹。

有很多人问过董明珠，格力能有如此耀眼的成绩，是不是有什么秘诀？董明珠总是微笑着答复着这些人，如果有秘诀的话就是格力一直在坚守诚信，厂商平等合作，把靠市场创造效益作为一致的目标，并以此作为基本的游戏规则。

在董明珠的理念里，诚信是各种商业活动的最佳竞争手段，是市场经济的灵魂，更是企业家的一张金质名片。有了诚信为基础，格力电器从不

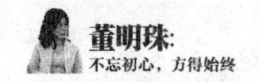

屈从于低价，不在小恩小惠上讨好供应商或经销商，而是在平等互利的基础上，创造更大的竞争格局。

格力电器一直在用诚信感动着消费者，得到的回报便是消费者的尊重。当一个企业受到市场尊重的时候，利益自然会接踵而来，且会远远大于急功近利所得的利益。

"人无信不立，业无信不兴，国无信不盛。"联想总裁柳传志曾在谈到诚信这一问题时说："一个领导者的行为将带动整个团体，言必有信既是每天工作中都要时刻遵循的原则，也是获得下属严格遵守制度的法宝。下属判断一个领导是否是好领导时，更多的是以他的品格为依据的，一个言行不一的领导只会妨害与下属建立互相信任的关系。"作为一个企业家，董明珠觉得最大的诚信便是做好、做大、做强格力。唯有这样，才能在真正意义上对国家、对社会、对员工负责。在现今社会，格力一直在做的事情，便是站出来，用一种牺牲自我的精神，去弘扬诚信，用行为去改变别人，以推动环境改变，推动企业走向商业竞争的良性循环，让整个社会诚信起来。

走"中国创造"之路

2010年，"格力，掌握核心科技"这一广告的播出标志着格力已经全面完成了质的飞跃，由"中国制造"开始向"中国创造"挺进了。

目前我国已经出台了支持企业自主创新的相关政策，于是很多企业坐等政府的资金支持。其实，企业只有靠自我责任的意识，大力开展科技研发走自主研发的创新之路，才能像格力那样掌握产品的核心技术，只有掌握了核心技术，才能得到市场的认可。

董明珠曾反复强调："一个没有创新的企业是没有灵魂的企业。"自主品牌不仅仅是产品的符号，也是一个国家民族工业的脊梁，更是一个民族人文底蕴的载体和再现。提起三星，人们自然会联想到韩国；提起GE，人们便联想到美国；提到索尼，人们的脑海中自然会想到日本。董明珠希望，将来有一天，当人们提起格力，会自然而然地想到中国。

格力尝到了创新的甜头，决心要把格力做成世界名牌，不但中国人用格力，还要让格力走出国门，服务于全球的千家万户。董明珠说："要想得到全世界的消费者认可，那么你的产品必须是有自主知识产权的产品。其实，消费者满意就是格力企业的标准，我们苛刻地要求我们的产品满足任何一个国家的标准。我想让全世界的人知道，'中国制造'就是'中国创造'。"格力空调的"中国创造"是生产大型的离心中央空调、超低温数码多联机等空调产品。

如果将变频空调比作空调行业的"皇冠"，那么，多联式中央空调便是"皇冠上的明珠"。20世纪90年代中期，凭着多联系统控制技术的成功研发，日本打破了美国在中央空调领域的绝对优势，多联式中央空调成了日本空调企业死守的"最后的技术堡垒"。2001年年底，董明珠曾打算花5亿元购买日本多联式中央空调技术，但却未能如愿。事后，董明珠的内心产生了极大的震动，于是，她带领格力人在没有任何图纸、仅有一本产品使用说明书的情况下，刻苦钻研，不到两年时间便成功研制出了多联式中央空调技术，彻底打破了日本企业的垄断。

2008年7月，著名经济评论家郎咸平撰写了一篇名为《产业链阴谋——一场没有硝烟的战争》的文章。文章中，郎咸平认为，一个完整的产业链要有七大环节，即产品设计、原料采购、加工制造、物流运输、订单处理、批发经营、终端零售。中国的企业目前处于最低端的加工制造环节，而最赚钱的环节，中国企业都不能控制。

郎咸平分析得很有道理，但是，中国企业在低端挣扎的时候，企业的经营者又何尝不是在苦苦思索如何摆脱低成本、低利润的代工模式，如何整合产业链提升产品附加值，拥有自主知识产权，打造属于自己的品

董明珠：
不忘初心，方得始终

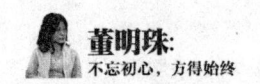

牌呢？

董明珠认为，中国企业要摆脱这种命运，就要进行一系列的改革，走上创造之路。而一个企业要走上创造之路，最重要的就是掌握加工的核心技术。

2010年3月，"中国创造与消费者权益大家谈"活动在北京举行，为了更好地亮出"中国创造"这面旗帜，董明珠在会上宣读了格力电器发布的中国企业界第一份《中国创造之路倡议书》。

董明珠通过倡议书提出了自己的心声，自主创新是"中国创造"的重要基石，在知识产权的应用、保护与提升中，切实提高科技创新能力，追求环保、节能、低碳和全面协调可持续发展。要让13亿中国人实实在在享受到"中国创造"的发展成果。此外，倡议书还指出，诚信自律是"中国创造"的重要条件，积极营造和谐的消费环境，切实保护消费者合法权益，努力拓展企业发展空间，不断提升企业创新能力，让更多的中国企业加入"中国创造"的行列。

从"制造"到"创造"仅一字之差，但两者给国家和企业带来的价值，却是截然不同的。"中国制造"世界闻名，但由"中国创造"风行世界的产品却寥寥无几。董明珠坚定地认为，"没有中国创造，就没有出路！"创造，这也是格力的发展方向。

在推动"中国创造"的时候，格力开始在全球范围内宣传值得格力人骄傲的格力空调，为了更好地让品牌深入人心，格力聘请国际巨星成龙作为格力品牌形象代言人。成龙代言的广告一播出，格力的形象令人耳目一新。其实，格力早已经在国际上建立了一定声誉，与成龙合作后，通过其健康积极的形象和国际影响力，搭建起格力品牌和消费者更通畅的沟通桥梁，让全世界的消费者更深入地了解了格力的品牌价值和创新能力，进而了解了"中国创造"。

格力，从当年不到2万台生产量的小厂，到如今全球最大的空调制造商，坚持自主创新，以精品品质代表"中国创造"正在走向国际。从"中国制造"到"中国创造"，我们还有很长的一段路要走，但正是有了格力这样的民族企业，使我们在这条路上走得艰辛的同时也充满着希望。我们相信，"中国创造"定能征服全世界。

做营销要与时俱进

在董明珠刚刚入行的时候，绝大多数的销售只是简单地推销产品，理念落后。而董明珠不同，她当销售，就会跟对方讲海利（格力）空调有什么功能，跟一般空调对比有什么优势，从材料等方面一一细说；还根据安装空调房间的面积、所处位置、窗口大小等条件来给你推荐相适应功率、型号的空调；介绍使用和维护方面的有关知识。后来在推销过程中，董明珠又采取了更加贴近市场需求的营销方法：跟踪服务。就是跟经销商一起分析市场，怎样根据市场的现状把格力的产品推出去，甚至跟商场的售货员一起卖空调，教他们怎样向顾客介绍和推销格力的产品。这给用户留下了实在、有能力的印象，再加上她不达目的不罢休的韧劲，很快打开了市场。

在董明珠独立负责安徽市场的初期，董明珠历尽曲折为公司追回了前任业务员造成的42万元积压货款。通过这次追款，董明珠得出了一个非常重要的结论：一个企业不管发展前景多么美好，如果遇到恶意拖欠货款的状况，都将无法避免被拖垮的命运。这也是董明珠在安徽市场，以及入主格力之后，坚持先款后货的原因之一。

在当时，几乎所有的空调厂家都是代销模式，格力要想先款后货，困难不是一般的大。但是，为了能够使企业不被欠款拖垮，董明珠坚持了自己的原则。

搞营销，有时候还需要营销人员跳出为营销而营销的框子，从更高的层面上来解决问题。同样是在安徽市场,董明珠了解到空调生意难做,不仅是因为当时的社会消费水平低下,还有一个重要原因就是在电力紧张的情况下,客户用电要交增容费,还要控办审批,很麻烦。董明珠看到了其中的机会:既然空调机与供电局和控办有这么大的关系,要是直接让供电局控办经销空调产品,不就畅通无阻了吗? 正确的思路,辅之以董明珠周到的跟踪服务,很快就做成了一笔50万元的生意。而在销售空调的过程中,董明珠还发现当时的空调安装队服务意识不到位,于是又和经销商一起组织了一支技术能力较强的安装维修队伍,这也跟卖空调好像扯不上什么关系,但是现在所有的企业已经认识到,售后服务也是消费者是否选择本企业产品的重要因素,企业间的竞争已由过去的质量、价格竞争转为质量、品种、信誉、企业形象和服务水平等综合素质的竞争。而董明珠能够先人一步,在当时就能认识到这一点,并且身体力行,确实眼光独到。

在企业发展的过程中,随着销量的高速增长,一个原来无足轻重的问题开始变成了大问题:空调行业有淡旺季之分,格力和很多的空调厂家都采用淡季生产,旺季销售的模式。但是这样就造成一种局面:淡季时企业要向银行借债来购入原材料,生产出的空调放在厂里又对库存造成很大压力。以前格力规模较小时问题不大,但是当企业做大时,所占用的资金就很可观了。比如当时银行贷款利率高达7%,格力电器每年要支付1亿多元的利息。于是董明珠独创了一种全新的"厂商合作"模式:淡季时,经销商向格力电器投入资金,格力电器则把生产出的空调发给经销商。这样,既解决了格力电器淡季生产资金短缺,又缓解了库存压力和旺季时的集中供货压力。而经销商则可以得到两种好处:一是保证了在旺季时自己能够拥有充足的货源,二是会从格力得到合理的利息。董明珠把它称作"淡季返利"营销模式。

这种模式一施行,经销商们的反应非常热烈。反正淡季时自己的资金存在银行也没几个利息，纷纷提前预付了全年的货款。因此在当年，格力电器淡季回款比上一年增加3倍以上，足有11亿元。对这些经销商，格力电器不仅保质保量供了货，还返利6000万元，厂商之间实现了双赢。这为后来格力与春兰的总决战奠定了雄厚的基础。

而在第二年的空调大战中，格力因为坚持不降价，最终大赚一笔，逆势做大，而其他参与降价厮杀的厂商元气大伤，原来的几大空调品牌，比如东宝、华宝、春兰等，都一蹶不振。在后来的年终庆功会上，董明珠讲到了她对这件事的看法：商业从来都是一个追求多赢的游戏，如果一个环节不能赢利，这个游戏就无法持续。一家优秀的企业，不但要对自己负责，还要对消费者负责，对经销商负责，对中国家电行业的健康发展负责。

而后的1997年，又发生了一件事：当时格力电器在武汉有4家经销商，本来按照正常经营都能赚钱，可是四家却因为一些方面的竞争引发"内斗"，不顾成本地向湖北及周边市场低价倾销。最终导致其中两家濒临破产，另外两家也元气大伤。为了解决这个问题，董明珠提出一个想法：格力电器跟他们四家联起手来共同组建销售公司，四家合为一家，统一销售网络，统一批发价格对外供货，这不就既整合了各方的资源，又消除内斗了吗？这一模式经过完善，形成了"区域性销售公司"模式，通过这一模式，经销商得到了回报，避免了无谓的内耗，格力电器也稳定了产品价格，维护了品牌形象，同时有效提高了市场份额，可谓是多赢。

在2006年8月，董明珠把这一模式更进一步，格力电器以优惠的价格向经销商定向增发了相当于总股本15%的股票。这样就借助资本的纽带，将经销商和格力电器的利益更为紧密地融合在一起。

而在近几年互联网快速发展以后，董明珠审时度势，也开始利用互联网时代的规律进行营销。比如时常语出惊人，抨击一晚一度电，抨击假无氟，跟雷军对赌，卖一亿台手机，实名举报奥克斯，还亲自代言公司产品

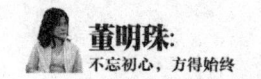

等等，反正是不断制造话题，抢占头条。我们无法分辨这究竟是董明珠的性格使然，还是有意为之，但是"网红老总""话题老总"的名声不胫而走，消费者对格力的关注度也水涨船高。

而 2019 年开始，董明珠又开始推行一种新的营销模式——"全员营销"——为每位员工开通微店，消费者可通过微店直接购买格力的相关商品，而且消费者可通过格力员工的店铺享受内部价格。董明珠更是亲自带头，不到一个月销售额就突破了 200 万。

2020 年新冠疫情期间，董明珠也利用自己的网上店铺开始"直播带货"。从 4 月 24 日开始到年底，董明珠总计带货 13 次，从最开始的 23 万，再到 3.1 亿，再到 7 亿、65.4 亿元……13 次带货销售额合计 476.2 亿，可以说是一路高歌猛进，创下了家电直播带货史上的一个又一个新纪录。而在 2021 年 3 月，董明珠又在武汉的直播中创下单场 11.4 亿的记录。

从董明珠的成长历程我们可以看出，营销没有定式可寻，它需要与时俱进。如果非要说其中有什么规律，董明珠自己总结说，做销售就是三个步骤，做好这三个步骤，就没有做不好的销售：第一，找到客户群，逐步建立关系；第二，建立关系和信任度（过程漫长，关键环节）；第三，回头客 + 转介绍。

用专卖店提升品牌形象

提起专卖店，我们早已不再陌生，甚至会倍感亲切，因为在我们的生活中，专卖店遍布大街小巷，各种化妆品、日用产品、服装、电器等，专卖店早已经与我们的生活密不可分了。专卖店也称为专营店，指的是专一经营某类行业相关的店铺。随着社会分工的细化，各个行业都出现了自己的专卖店，而且越来越细化。

在竞争激烈的今天，专卖店已成为各公司品牌、形象和文化的窗口，专卖店的出现有利于公司更好地提升品牌形象。因为专卖店没有其他品牌，当消费者到专卖店选购产品时，公司有百分之百的销售机会，这样的销售模式有利于增加公司产品的成交率，有利于增强公司产品的终端销售能力，能够更多地为消费者创造购买公司系列产品的机会，提升公司产品的销量。此外，专卖店销售、服务一体化的模式，还可以创造稳定的忠诚的顾客消费群体。总之，各个行业中的专卖店，既可以满足社会需求，又可以提升企业各自的品牌。更重要的是，企业研发的最新产品，可以通过专卖店第一时间让消费者知道。

当各行各业的专卖店如雨后春笋般林立时，作为电器知名品牌的格力也蠢蠢欲动。自从2002年脱离国美等主流大卖场后，格力在北京、上海等一线城市的销售曾急速下滑，在上海，格力家用空调的销售经常在10名之外，在北方的市场占有率不如南方，低于海尔和美的。

其实，格力为了弥补销售上可能会造成的损失，曾在2004年推出过一个重要举措。这一年8月，格力在珠海召开名为"飞越巅峰"的年度销售商大会，在这次会议上，格力高层通过了区域销售公司配以专卖店、专营店的销售渠道，即格力销售模式。格力模式在全国是史无前例的，是格力多年潜心构建、磨合顺畅的渠道模式。于是，格力专卖店诞生了。

国美在2006年7月收购永乐，这是家电连锁行业迄今为止最大的并购案。在与永乐合并、托管大中之后，国美的销售额达到800亿元，成为国内当之无愧的家电巨无霸。与此同时，苏宁连锁的发展也在提速，2006年5月1日，苏宁在全国的32家新店同时开业，创下中国家电连锁业一日开店最多的纪录。

虽然2006年国美和苏宁形势看好，但2006年，也是空调市场疲软的一年，国内家用空调销量出现负增长，除少数品牌外，大部分空调企业国内销售出现10%以上的负增长，个别品牌跌幅竟达41%。在总体形势不好的情况下，格力却是个例外。到2006年年末，格力在全国已拥有专卖

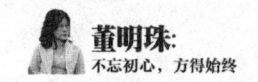

店3000多家，逐渐形成了一个以城市为重心，以地县为基础，以乡镇为依托的三级营销网络。据统计，2006年的前9个月，格力电器主营业务收入达181.2亿元，同比增长近40%，同期净利润同比增长超过18%。格力用如此鲜活的事实向世界证明，格力模式是适合格力的，是符合当时发展趋势的。

其实，在格力人大张旗鼓地创立格力模式之前，很多人曾预言像国美、大中等模式的大卖场会一统天下。董明珠没有随波逐流，而是带领格力人选择了逆风而上，自开专卖店。到2008年年底，格力已在全球开设格力专卖店一万多家，形成了一张新时代的终端网络，格力通过自己的经销商以多级批发的形式来经销格力自家的产品。格力专卖店火爆的程度完全在人们的意料之外，在广州，曾经一天之内有十家格力专卖店开业。在番禺，每个镇都落户了一家格力专卖店。

虽然格力专卖店的销售模式给格力带来了可观的销售，但格力的这种模式起初并没有得到业界的认同，甚至曾一度被同行所攻击。自建门店不符合消费者"多样化"选择的需要，层层批发的模式既烦琐，又让中间商挤占了利润……这些都成了同行攻击格力的原因。格力模式真的没有发展前途吗？

对于这些质疑，董明珠和格力人用事实做出了回答：格力的渠道模式是符合格力的，格力的选择是正确的。

董明珠说，格力走开专卖店之路，是由于空调产品自身的特殊性决定的。电视、冰箱等，消费者买回家插上电源就可以用，而空调则不同，还需要后续的安装维修，需要一支完整的售后队伍。而格力专卖店的形式，更有利于服务到位。中央空调业务是格力重点开发的项目，这一项目更需要专卖店来进行专业的服务。据统计，2007年格力在上海的销售利润为100万元，2008年格力加速发展专卖店后，第一季度的销售额就提高了近一倍。

虽然格力自创的销售模式发展良好，但是，在董明珠看来，格力如果要考虑长远的发展战略，恐怕还是要和国美和苏宁等大卖场重新携手。董明珠心目中的理想状态是厂家和大卖场应该建立起一种多赢的关系，至于和国美，双方重归于好的条件就是相互尊重，利益均等，遵守市场规则，不能店大欺厂，也不能厂大欺店，更不能把降价带来的损失让厂家来买单。

董明珠说，格力和国美的关系就如西方制造商宝洁公司和零售商沃尔玛的关系。宝洁和沃尔玛是两家众所周知的大公司，彼此之间有着密切的业务来往。宝洁需要沃尔玛的顾客，沃尔玛需要宝洁的品牌。但是，在20世纪80年代，宝洁和沃尔玛曾为了争夺产品的销售价格等产生冲突，并直接威胁到双方的合作。为了改变敌对状态，双方建立了战略性合作关系，缓和了冲突，实现了双赢。董明珠一直希望与国美、苏宁的关系也能达到这种双赢的地步，把格力这一品牌做大做好。

我们再回过头来看看格力的空调专卖店。这种开店模式对格力空调在短时间内扩大规模是功不可没的，但扩大规模后却需要对现有庞大的空调渠道进行重新梳理。在格力专卖店的快速扩张中，也出现了各种各样的问题，例如，有些经销商达不到格力专卖店的资质，却假冒格力的牌子在市场上窜货、欺诈消费者，给格力品牌形象造成了影响。

格力面临的问题表明，格力应进一步加大对市场渠道的管理，严把格力专卖店加盟门槛，并联合公安与工商部门打击假冒格力品牌的违法行为。

总体来说，格力专卖店的营销模式是成功的。这种成功主要表现在每年近20%以上的产销量的增长上。除此之外，还表现在它在营销领域独树一帜的渠道管理与组织模式上。格力模式打破了沿袭多年的"受控式代理制"对空调销售的垄断性思维，开辟了一种家电销售的全新渠道管理模式。

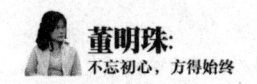

为了更好地推广格力品牌，格力还在海外复制其国内成功的专卖店模式。格力专卖店仅在印度就建立了几百家。董明珠表示，今后格力电器还将采取措施加大对自主品牌的出口，把最初开拓市场为别人贴牌生产变为自主品牌生产，并希望今后实现别人为格力贴牌的梦想。

只打质量战，不打价格战

2012年8月1日，在中国香港召开的亚洲质量网组织大会上，董明珠获得了大会颁布的亚洲质量大奖——2012年度"石川馨—狩野奖"，董明珠是第一位获此殊荣的女性。

董明珠获得此奖算是实至名归。在董明珠看来，质量是企业的生命，也是打造百年企业的根基。正是在这种信念的支持下，格力才得以持续发展。

哈佛大学教授罗伯特·海斯曾说："15年前，企业的竞争表现在价格上，今天表现在质量上，明天它将主要表现在设计上。"

美国通用汽车公司前总裁艾尔弗雷德·斯隆也曾说过："错误的质量意识导致了错误的质量管理意识；错误的质量管理意识导致了大量的劣质产品；劣质的产品必然导致市场萎缩、企业消失。"

对一个企业来说，如果说产量是效益，那么质量就是生命。当前，很多企业都信奉这样的原则：成也质量，败也质量。当年，海尔的张瑞敏一口气砸掉几十台冰箱，这一举动成就了海尔产品的优质口碑。

在格力电器有句名言："对质量管理的仁慈就是对消费者的残忍。"格力人也践行着这一名言，格力电器"像修炼生命一样修炼质量"：从设计产品的源头到采购、生产、包装、运输，以及安装、服务等全过程实行了严格的质量控制。

董明珠对质量的理解是这样的：所谓质量，就是一个产品或服务的特色和品质，这些品质特色将会影响到产品满足各种或明显或隐含的需要能力。从中我们不难看出，董明珠对质量的理解是以顾客为导向的，当产品和服务满足了顾客的期望时，也就是向顾客提供了质量。那些产品质量优秀的公司也就是会在大多数情况下满足大多数顾客需求的公司。

在格力人看来，质量管理没有人情可讲。董明珠执掌格力大印后，给格力的管理干部们定出了两个责任：第一，必须制定旨在帮助公司进行全面品质管理的战略和政策，且必须保证获得预期的效果；第二，必须在生产质量之外向顾客传递自己的营销质量，并在营销调查、专业人员培训、广告、顾客服务等方面执行一个较高的标准。

董明珠是搞营销出身，但她对产品质量的看法却比任何生产出身的经理们更加透彻。她说："仅仅营销还不够，产品才是第一。"董明珠如此说，就是想强调"产品"的决定性作用，这里，"产品"自然包括它的主要部分——质量，质量是一个产品销售的前提，任何一个产品，只有具备了良好的质量，才有可能卖个好价格，才能赢得消费者的信任，也才能树立起属于自己的品牌。

所有业内人都知道，格力在产品制造上有一个与众不同的设计理念——不拿消费者当试验品。这一理念并不是一句空的口号，而是被严格应用到了实战中。格力的新产品设计出来以后，经过试生产、长期运转实验、重新设计等长时间的试验过程，质量过关后才正式生产并投放市场。

可以这样说：在如何提高产品的质量上，格力走过了一条不寻常的"长征之路"。

1995年，当时的格力电器就已经将质量意识渗透到工作的各个环节之中，深入开展"零缺陷工程"，倡导"一次就把事情做好""下道工序即用户"的理念，坚持"不拿消费者当试验品"。为此，格力还专门成立了空调行业迄今为止独一无二的"筛选分厂"，对所有外协外购的空调零部件进行100%的全检，虽然这在外人看来是一个劳民伤财的"笨"办法，

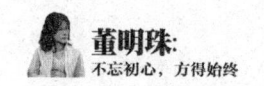

但正是这种笨办法保证了格力的每一台空调都能经受岁月的考验和使用者的见证。

2005年，董明珠经过再三考虑，决定打破空调行业"整机一年保修，主要零部件三年保修"的国家标准，率领格力率先在业内推出空调"整机六年免费保修"的政策，格力的这一做法引发了全行业的跟进。

6年后的2011年，格力再度发力，向消费者承诺格力变频空调"一年免费包换"，格力的这一新主张催生了新一轮的行业变革。

2012年，是格力空调突飞猛进的一年，董明珠再次提升格力标准，承诺格力变频空调"两年免费包换"，格力的这一政策加快了变频空调的普及速度，推动了制冷产业的升级。

2021年3月，董明珠又宣布，格力空调提供10年免费包修服务，又一次引起业界震动。董明珠解释格力之所以敢这样承诺，底气仍然是自家产品过硬的质量。

很多人一直存在这样一个疑问：格力电器为什么敢开行业先河，率先推行"变频空调两年免费包换"的政策？董明珠的回答是："之所以提出六年保修，两年包换，是因为格力对自己的空调质量有着充足的信心——六年之内基本上不需要维修。格力的最终目标是创造出改变人类生活的优质产品，造福全人类。"

当有人把格力空调的竞争力归结为销售模式或者售后服务时，董明珠义正词严地提出了反驳，她认为格力产品的竞争力是"产品力"，这其中，质量是产品的强有力载体。

在当前竞争激烈的市场经济中，质量是企业的生命，质量决定成败，决定未来，决定利润，直至决定一切……

"质量就是企业的生命"这句口号，其实我们已经提了很多年了。综观这些年，那些只把这句话当成口号而没有实际行动的企业，几乎没有一家得到顾客的最终肯定。在那些亏损甚至倒闭的企业中，质量成了说起来

第五章 把格力的产品做成一个艺术品

重要、做起来次要、忙起来不要的东西。这些忽视了质量问题的企业，生命最终慢慢地受到蚕食，直到被市场无情地抛弃、淘汰。这都是源于企业对产品质量的疏忽。

在董明珠看来，一个企业承诺消费者的就是品质、服务，好品质的空调就是不会坏，好的服务就是买了空调后不出故障、不要维修。

董明珠对消费者的承诺是，坚持不打价格战，而是用技术、用规模和质量来赢得这个市场。格力从最初的追求质量到技术提升，以及打破行业里无序竞争的环境，把格力的品质保证体现给消费者，所以格力才能在2005年提出了6年免费服务的承诺，并且付诸实践。实际上，格力的维修量很少，是行业内维修量最低的产品之一，换句话说，购买格力，消费者等于得到了一个不需要维修服务的产品。与此同时，格力也把这个行业提升了一个台阶，可以这样说，格力在空调行业里应该是比较成功的。

2005年是空调利润不断降低的一年，执行这样的服务标准，无疑将大大增加格力的生产成本。那么，董明珠为什么给格力提出这样的要求呢？对此，董明珠的解释为，这个要求是对消费者的承诺，承诺要兑现，对消费者要负责任，格力就必须得将产品做得更好。所以，格力对消费者的这一承诺看起来是承诺，实际上是对自己的挑战。董明珠认为，格力有承受这种承诺的实力，因为格力对质量的严格要求，六年内格力空调几乎不用维修，所以维修的成本不是提高反而是下降了，消费者则得到了更多的实惠。

格力对质量的严格追求告诉我们这样一个真理，质量问题是一切战略和管理实践的试金石。任何一家企业，如果你想占领市场，赢得顾客，无论你使用什么样的生产模式，贯彻什么样的企业文化，最终的目的都是要生产出高质量的、有口碑的产品。

要求生产出高质量的产品，便要向所有员工贯彻质量意识。格力是如何去贯彻并落实质量意识的呢？

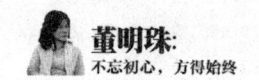

1. 从思想上强化全体员工的质量意识，解决他们的思想问题，让他们知道质量是企业的生命，从而真正在思想上重视产品质量。

2. 让每一位员工懂得如何去预防出现质量问题。当质量出现问题时，知道该如何去解决。

3. 提高全体员工的责任意识。质量出问题，说到底是缺乏责任心。几乎所有企业都有相关的质量管理制度，但在实际工作中，员工是否具备强烈的责任心，会直接决定产品质量的高低。

4. 在员工中提倡爱岗敬业。要求全体员工在工作中爱岗敬业，追求质量零缺陷，发现问题开动脑筋及时解决。

5. 关注细节。细节决定一切，细节成就质量。把细节做好，产品质量自然不会低。据统计，重大的质量问题，大多隐藏在细小的环节中，只要能做到切实关注生产过程的每一个细节，就可以预防质量问题的出现。

6. 要让员工意识到，质量问题并不仅仅限于产品，服务质量也是其重要内容，所以，要全心全意为顾客提供优质服务，以此来提高质量。

7. 要尽可能多地让企业全体员工学习一些质量管理大师的思想理念，并在工作中践行大师的这些理念。

格力把质量意识落到实处，"要让全世界的人都信赖格力空调，就像人们信赖'奔驰'、'宝马'一样"，有了这样远大的目标，格力才会有"不拿消费者当试验品"的企业文化，才会生产出高质量的产品。也正因为如此，格力已经默默开始了自主创新的艰难之路，以期在行业内走得越高越远。

渠道为王

10年前，《渠道为王》一书从多侧面深入剖析了渠道有关的现实问题，为在渠道管理中陷入困境的企业提供了实战经验和系统解决方案，因而风靡一时。而在当下，格力和众多企业的实践，为之提供了更多的应用范例。

格力对很多企业最重要的启示就是对渠道的使用与管理。

在格力大发展之前，格力以及国内绝大多数的企业几乎都没有渠道的概念。当然，这与当时的现实情况也有关，一是当时都是国营商业、集体商业为主，渠道单一；二是发达国家先进的渠道理念还未引入国内。因此几乎所有厂家都是把产品寄放在国营商店代卖、代销。而这种销售方式有一个致命的弱点，就是销售回款被人控制：销售方守规则凡事好说，但是一旦遇到不守规则的销售商，生产商就毫无办法。董明珠开始进入格力当推销员的时候，成名之战就是不屈不挠地从一个不守规则的代销商那里追回42万元的货款。也正是有了这一次的教训，董明珠在出任销售科长之后，大力整顿销售渠道，加强了对销售商的管理。比如有一个格力非常重要的销售商，董明珠下狠手直接断供，将其踢出销售商队伍。原因就是这个销售商对当地中小销售商百般打压，到实力成为绝对老大后，反过来向格力提条件，企图两头通吃。

这两个例子都说明了一个道理：一个生产商，如果对销售渠道没有有效的管理和控制，很容易为其所制。格力在经历了一系列的经验教训之后，从董明珠就任销售科长开始着手改变销售渠道和销售方式，到董明珠掌管格力后终于成型。有人把格力的销售模式总结为"渠道商合伙人制"。

格力电器是以"区域股份制销售公司"模式开启其销售渠道合伙人制模式的。

成立的第一家区域股份制销售公司，就是在董明珠主导下，于1997年12月20日在武汉成立。此后两年内，相同模式的股份制销售公司在全国范围内又成立了10家。后来随着发展演进，逐渐形成成熟的"渠道商

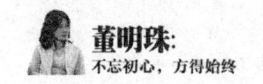

合伙人制"模式。

这种"渠道商合伙人制"的经营模式是：所有区域销售公司，都由格力电器控股，区域内的多家一级经销商参股。销售公司的财务总监由格力电器派驻，总经理、副总经理等核心管理层成员一律由格力电器任命。格力电器持有每一家区域销售公司51%以上的股份，但格力电器不参与销售公司的利润分红，即：销售公司的经营利润，全部由销售公司的其他股东按照持股比例和业绩贡献进行分红。上述全国按照区域组成的11家销售公司按照一定的规则，共同持有格力电器（上市公司）10%左右的总股份（随着公司业绩和股份结构的变化而浮动），而这部分股份，又全部由河北京海担保投资有限公司代持。

这一模式，较好地平衡了格力和销售渠道之间的关系：格力让出利益，取得渠道的控制权；渠道商让出控制权，取得更加丰厚的收益，实现了双赢。在实践中也成效显著：首先，格力电器只有极少的销售人员，减轻了管理和人力等成本；同时，在与国美、苏宁、京东等销售渠道的斗争过程中，以及每年都会上演的空调大战中，格力不仅能够屹立不倒，而且自1998年以来基本上处于行业领头羊的位置。

总结格力有关销售渠道的经验，核心就是一条，保证渠道商的经济利益。比如在1995销售年度结束以后，格力拿出了1个亿的利润奖励经销商。这一举措使广大经销商经销格力空调的信心进一步增加，为下一年度格力再度推行"淡季返利"和"年终返利"政策埋下了有力的伏笔。当然这一次的额外返利也有其负面效应，不过总的来看，格力的"淡季返利""年终返利"及"模糊返利"的组合策略是十分成功的。采用这一组合策略的第一年，格力空调的产销量就由上一年的行业第八迅速上升为行业第二，次年又一举跃居于行业第一。

这一渠道模式虽然有其优势，但是我们在思考借鉴时，应当注意以下几个方面：

第一，选择渠道合伙人非常关键；第二，在设计合作模式时，要充分考虑合作伙伴的关切；第三，要动态地管理渠道。

但是，在渠道的使用与管理这一优势之外，在渠道方面，格力当前也有一个非常明显的短板，就是新渠道的开发。互联网和移动互联网时代的到来，改变了过去只有大企业才有机会依靠大平台和中心化平台展示自己的状况，小企业业可以制造一个事件或者借势一个热点来展示自己，同时，因为物流业和网购的快速发展，线上渠道发展迅猛，但是格力在这一方面有所欠缺。比如有分析指出，2018年12月份，格力空调的内销下滑幅度高达11.37%，而整个行业其实是增长了5%，这表明格力的情况比这个行业表现还要糟糕。究其原因，有人分析一是房地产业不景气，二是销售渠道单一。

而近来，格力和董明珠也认识到了这一点，开始发力。比如在2019年2月，格力再启"全员营销"：格力电器每位员工年销售任务1万元，卖多有佣金奖励。销售的途径，就是员工都开通微店，员工的亲朋好友以及其他消费者通过微店就可以直接购买格力的产品，包括空调、洗衣机、晶弘冰箱这些大家电，以及电饭煲、电风扇、除湿机等生活电器，而且，还可以享受内部价格。当然，对这一举措各方看法不一。最有说服力的反对证据就是格力电器现在有8万多员工，即使人人都能完成任务，也只有8亿，不到9亿元的销售额——要知道格力2018年的销售额达到了2000亿元！全员营销的办法只能说是杯水车薪。但是不管怎么说，这都是格力拓宽销售渠道的一个积极尝试。

第六章

以人为本，以企业为家

员工是人，是人就有人的需求。金钱有影响力，事业有凝聚力，我们建设自己的企业文化，以共同的理想，共同的事业凝聚员工，使每个员工都认可自己的企业，以在这里工作为荣。在董明珠看来，"企业兴，员工兴；企业衰，员工耻"。员工不只是打工仔，而是企业的主人翁，能参与企业的管理，以企业为家，为企业做贡献，实现自己与企业的共同发展。

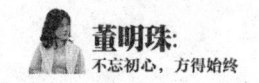

为中国，为世界奉献最好的产品

如果你向格力人提问：格力的信念是什么？相信所有的格力人都会异口同声地说：为中国，为世界奉献最好的产品。多年来，格力一直坚持自主创新，把掌握空调核心技术作为企业的立足之本，秉持制造业的"工业精神"，专注于空调核心技术的研发工作。

早在20世纪90年代，当时的格力还处于发展阶段，格力在朱江洪总经理的领导下，提出了以抓质量为中心，"出精品、创名牌、上规模、创世界一流水平"的质量方针，实施了"精品战略"，建立和完善了质量管理体系，并出台了"总经理十二条禁令"，推行"零缺陷工程"。几年下来，格力产品在质量上实现了质的飞跃，为其奠定了质量上的竞争优势，创出了"格力"这一著名品牌，在消费者中树立了良好的口碑。

2006年，格力又提出了"打造精品企业、制造精品产品、创立精品品牌"的战略，"弘扬工业精神，追求完美质量，提供专业服务，创造舒适环境"是格力追求的崇高使命，格力正朝着"缔造全球领先的空调企业，成就格力百年的世界品牌"的愿景奋进。

格力是践行"中国创造"之路的先行者，到2020年，格力在研发上的投入达到了60多亿元。董明珠坚信，"只有不断加大自主创新，才能变'中国制造'为'中国创造'，在国际竞争中占据领先位置。"

格力是如何坚持为中国、为世界奉献最好的产品这一信念的呢？

1. 从源头打好质量保卫战

从进厂的那一刻算起，格力人便会一丝不苟地检测进厂的零件、物料等，真正做到从源头抓起，做好产品的源头追溯工作，确保每一件产品都能查到源头，找到负责人。

2. 防患于未然

我国的企业主要以事后控制为主，美国的以事中控制为多见，日本的则以事前控制见长。日本的企业经营效果最好，在这一点上，我们应该向日本公司学习，如对下属的考核保持清醒的头脑，不忽视那些真正为企业做贡献的默默无闻的职员等。总之，对于一名管理者来说，最重要的莫过于能作出正确的判断，采取相应的措施。在格力，有着严格的考核制度，不负责任的员工是绝不会让其走上生产线的；在格力，有着管理之外的温情，每一个为企业做出贡献的员工都会得到格力的回报。

3. 建立一套严密的生产标准

不同的标准，会带来不同的产品品质。为此，董明珠为格力制定了更高的目标，建立了严密的生产标准，保障了产品的质量。

4. 关键工序绝不出纰漏

董明珠及格力的管理层紧紧围绕生产工序控制建立各种生产制度，通过工序抓产品的合格率，产品合格要力争一次性过关。在生产过程中，董明珠强调要抓住关键环节和重要工序，关键是要重视产品质量的分析工作。在条件允许的情况下，要想方设法完善质量检验设备。此外，格力还非常重视利用技术革新来解决质量问题。

5. 保证客户无可挑剔

格力从不嫌弃过分挑剔的顾客，董明珠认为，挑剔的顾客是推动格力发展的不竭动力。在经营企业的过程中，能够做到让客户无可挑剔的则是最为杰出的企业。保证客户的满意可以从以下方面去做：保证及时提高产品和服务的质量，确保社会声誉；构建宽松便捷的沟通平台，充分尊重和听取顾客的合理建议，且认真接纳，以求发展；真正树立"全心全意为顾客服务"的经营意识，将"顾客就是上帝"的宗旨进行到底。

6. 用良心做真正的品质

董明珠觉得，要想把企业做大做好，必须用良心去做，以负责的态度努力创造高品质的产品或服务。格力也一直始终如一地追求着"良心"是"真正品质"这一理念：对待工作有强烈的责任感；打破现状，创造具有挑战与革新精神的风气；尊重人，发挥员工的个性，团结一致；面向市场，永远着眼于市场的变化；顾客至上，敏锐地察觉到顾客的需要。

7. 坚信"先有品质，后有品牌"的理念

没有好的品质作为支撑，再好听、再上口的名字也都是空中楼阁、海市蜃楼。质量就是生命，效益决定发展，在竞争激烈的商场上，质量是赢得客户信任的基本砝码，有了质量，才能占有市场份额，实施名牌战略，占有优势地位。格力通过价格优势建立在"向服务要竞争力"的基础上，坚持店铺数量和质量双重领先来提升品质，塑造格力品牌。

正是因为做到了以上种种，格力才一直为中国、为世界奉献着最好的产品。当然，除此之外，要奉献好的产品，企业管理者还要走扩张的道路，还必须重视整体质量的提升，以积极塑造品牌的价值。

对于格力来说，为中国、为世界奉献最好的产品主要是在质量上下功夫，对于众多家电商家在不断追求"完美"售后服务时，格力则要求，不论什么价格，产品材料绝对要最好，要保证每一台空调都要经过最严格的"体检"才能走向市场。

当然，格力也拥有强大的售后服务，能让消费者感受到格力服务的魅力。这些，都是格力为中国、为世界奉献最好产品的形式。

企业需要"温情文化"

有人说，严格的纪律是企业上下形成凝聚力的有力保障。其实不然，严格的纪律可以正人，但却难于使企业上下同心，所以说，严格的纪律并不能使企业内部形成高度的凝聚力，严格的纪律只是形成凝聚力不可或缺的因素之一。人类的生存问题解决之后，会产生超生存必需的追求。作为

"社会人"的员工，除了有履行生产经营的责权外，还有归属与爱、受尊重、实现自我的需要。企业对他们来说，应该是一个自由交流思想、充满人情味的大家庭，企业员工在这样的氛围下，潜藏在内心深处的主人翁责任感与精神才能无止境地迸发出来。

针对这一问题，董明珠认为，现代企业要增强团队的凝聚力，就必须打破僵硬的制度管理手段，培育健康的人际关系，既要有严明的制度，又要有温情的文化管理，两者相辅相成，才能相得益彰。

在董明珠的心目中，现代企业应倡导的是以"温情"为基础的文化。董明珠曾说，温情是一种大爱，有互助也有自我，有坚持也有创新，有感性也有理性。温情文化既有中国传统的仁道，又符合现代企业的管理理念。每个企业都想成为"百年老店"，其中，企业伦理和企业社会责任便成为首要的不可回避的问题，此时，"温情"必不可少。

在格力，"温情文化"也是格力企业文化的一种主要表现形式。董明珠明白，对员工只有以心换心、善待有加，让他们充分享受到被尊重认可和归属感，员工才会和企业形成"一损俱损，一荣俱荣"的利益价值链条，只有这样，企业才能保证长盛不衰。

在格力，员工人数达到4万多人，其中，80%的基层员工来自全国各地。在这里，他们是格力大家庭中的一员而不是打工者。20世纪90年代，格力为员工购买了养老、医疗、失业、工伤、生育等项保险，并提供各种福利，如免费就餐、上下班车、住房补贴、保健费、清凉补助等。

当然，在格力创建温暖的大家庭中，除了具有企业对员工的温情，还要给员工一些活动的余地和空间，以便让他们的奇思妙想尽可能地成为现实。

2005年，格力康乐园建成了。格力康乐园是格力花费2亿元巨资兴建的，主要为员工提供福利性的单身宿舍、家庭过渡房和亲属探亲过渡房。园区内设有篮球场、足球场、羽毛球场、游泳池、图书馆、电影院等

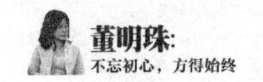

员工娱乐活动中心和商场、银行等生活配套设施。格力的员工能够在多彩的文化生活中得到身心的放松,每一位入住的格力人在工作之余都能感受到惬意和安适。

有效地激发团队的凝聚力,是组建高绩效团队的前提,也是打造企业竞争力的决定性因素。作为现代企业的管理者,只有走进员工的内心世界,从工作上、学习上、生活上全方位与员工进行心与心的情感交流,培养共同语言,帮助员工制定人生规划,给他们创造锻炼和学习的机会,向他们灌输正确的企业团队精神,才能够激励他们创造业绩,并使团队充满活力。

格力曾经有一名女工,进厂不到3个月就病倒了,被查出是癌症晚期。因为还在试用阶段,有人以为公司会解雇她。出乎人们意料的是,董明珠不但没有解雇她,还号召全体员工为她募捐,且花费20多万元为她治疗。这位女工在日记中写道:"我走过很多地方,只有在格力,是我最快乐的时光,我感受到比亲人还亲的温暖。"董明珠说,管理讲究的是制度,没有柔性可言,但工作外的董明珠却是温情的,这也是董明珠最为柔软的一面。

在董明珠的带领下,格力成长为了一个有着规范制度的现代企业,一个充满温情的家庭。在这样的温情文化熏陶下,格力的全体员工也给予了公司最大的忠诚度,互相促进,快速发展。在格力这个大家庭中,时刻存在着一股强大而积极的凝聚力,这种凝聚力加速了其核心业务的成长。

首先,在生活上,格力结合感情激励,解决了员工的后顾之忧。董明珠倡导人性化的管理,且一直把为员工生活、成长着想,把为员工解决实际问题作为重要的工作来抓,使员工工作起来没有后顾之忧。正如董明珠所说,员工没有后顾之忧才能安心工作。

其次,在管理上,董明珠鼓励员工充分参与。在长期的管理过程中,董明珠认识到,一个企业要取得成功,除了领导层的正确决策外,更需要全体员工的充分参与。那些生产一线的员工最容易发现生产过程中的问题，也最有可能提出解决实际问题的方法。为此，格力制定了鼓励员工参与的制度，根据员工提出建议、做出贡献的大小，给予应有的奖励。

最后，在个人发展上，格力为员工提供了自我实现的舞台。格力一直注重为员工创造机会，为员工提供施展才华的舞台。董明珠很是认同TCL总裁李东生的话："吸引人才的有力措施是为其创造一个施展才华和实现自我价值的环境。"事实上，董明珠也是竭尽全力为格力的每一位员工创造着施展才华的舞台。

此外，在格力这个温暖的大家庭中，任何一个员工遇到重大困难时，大家庭里的每一分子都会热切地伸出援助之手。这也正是一些企业缺失的最宝贵的东西。

对此，现代管理大师们也指出，温情文化的管理有以下两种方法：

第一，角色互换，增进理解与合作，促使组织内部的和谐一致。企业的管理者要注意优化员工的工作环境，使员工在愉快、舒适的环境中工作。

第二，心理感受得到满足。为员工提供较好的社会福利，关心员工的生活，让员工体会企业如家般的温暖。

实践证明，这些温情文化的管理方式有利于增强员工的凝聚力，增强员工的归属感、事业心、向心力，从而促进企业各项目标的实现。

坚守"吃亏"的工业精神

什么是"工业精神"？对于这一问题，相信是各有所见，各有不同的。董明珠认为，"工业精神"就是少说空话、多干实事，全心全意关注消费者需求，主动承担社会责任，用企业的力量推动社会发展，企业的所有行为都必须抱着对未来负责任的精神，简单说，"工业精神"就是"吃

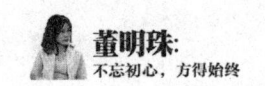

亏精神"。为此，董明珠要求领导者做出的每一项决策都要抱着对未来负责任的态度，既要推动企业向前发展，又不能不计社会后果。

"工业精神"是董明珠最推崇的经营理念，她曾在2006年度"两会"上提出要弘扬"工业精神"，而且她还为此在《人民日报》发表专文阐述。

2007年1月20日晚，"2006CCTV中国经济年度人物"评选揭晓，这次评选中，董明珠这位"工业精神"的提出者与倡导者，捧走了经济年度人物桂冠。

我们来研究一下像格力这样"从优秀到卓越"的企业，不难发现，这些长期领导行业发展的优秀企业，从表面上看它们好像遵循的是"商业精神"，其实，它们发展的核心动力是"工业精神"，即董明珠倡导的"吃亏精神"。与商业精神相对照，工业精神更讲求信用，讲求公平竞争，讲究长远利益。

在修养上，中国人广为传颂的是"吃亏是福"的精神，这种精神提倡在社会上与人相处不要斤斤计较，要做到"宁让人，勿使人让我；宁容人，勿使人容我；宁吃人之亏，勿使人吃我之亏"。这样，才能营造一个宽松和谐的人际环境，这种宽松和谐的人际环境是对事业和生活有益的。这里的吃亏，不是被人愚弄和欺骗，而是心甘情愿地放弃或失掉自己一部分利益，以有利于他人和集体，这种吃亏是值得的，不但能够得到别人的尊重，还能体现出人格的伟大。

其实，在我们的现实生活中，很多人在工作中不愿付出，为了不让自己吃亏，他们甚至在上班的时间里"忙里偷闲"，要么上班迟到、早退，要么在办公室与人闲聊，要么借出差之名四处游玩……在这些人眼中，那些不用领导吩咐仍旧主动付出努力的人，简直就是傻瓜。可最终的结果，却总是这些肯吃亏的"傻瓜"获得了事业上的巨大成功，而那些从不吃亏的"聪明人"只能两手空空地遗憾终生。

那些有"吃亏"精神的人，往往会潜心做事而不求回报。要干出一番事业，就要勇于做他人不想做的困难事、棘手事，敢于走别人不敢走的创业路、创新路，脚踏实地，不怕"吃苦"，更要不怕吃亏，只有这样，企业才会成为行业内的常青树。格力便是这样一棵常青树。

在格力，"工业精神"已成为内部上下一致强调的企业精神。董明珠一直强调要"老老实实做产品"，在家电业大战中显得低调内敛，在很多方面甘于"吃亏"。比如，在用材方面，格力从不"节约"，对于原材料的价钱从不过于削减，而是主张上下游彼此要有合理的利润空间，以共同维护整个产业链的发展。事实上，格力是用自己的成长带动了上下游的共同发展。在原材料上涨，空调利润微薄的情况下，格力还毅然采用名牌压缩机电机以及优质镀锌钢板、螺纹铜管，丝毫不在材料上偷工减料，这就是工业精神的表现。一个企业必须保持基本的利润才能保持正常运转。所以我们要看到，董明珠所强调的"吃亏精神"的背后，实际上是专心做事，真心为消费者服务的理念。消费者满意了，销量上去了，利润自然是丰厚的。

空调行业是个靠价格战来占领市场份额的行业，在这种形势下，董明珠却带领格力人默默地潜心于工业制造，格力每年都会斥巨资进行产品的研发试验，可以说，工业精神不仅仅是一种"吃亏精神"，它还包含着锲而不舍的创新精神。

对于"商业精神"，董明珠是这样评论的：过于强调商业精神容易使企业变得懒惰。事实也确实如此，那些喜欢靠"捷径"赚钱的企业自然也就忽视了产品的研制开发，这些企业总是想着在短时间内赚取暴利，时间久了，产品的技术跟不上市场的需求，最终会被市场淘汰。

从短期来看，"工业精神"确实貌似"吃亏精神"，投入巨资潜心进行技术开发在短时间内是看不到效益的。但从长远来看，这一切又都是值得的。当今社会，以董明珠为首的格力人坚守并高扬"工业精神"的大旗，不打价格战、概念战，老老实实做产品，踏踏实实做服务。在董明珠看

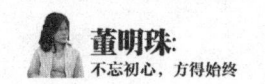

来，真正地从事工业的人，必定是"工业精神"的实践者，即有理想、有抱负、有社会责任感，愿意为了这些而放弃眼前的利益而敢于吃亏的人。

宣扬"工业精神"的董明珠还经常呼吁制造业的同行们：不要有投机心理，不能盲目地急功近利，追求眼前效益。董明珠和格力人用实际行动让其他商家意识到，格力所倡导的不是唯利是图，商家可以赚钱但不能赚暴利。我们相信，对于"工业精神"的执着，会让董明珠和格力的奔跑变得更有力量，在他们的身后，会有越来越多的有识之士，加入跟跑的队列之中。我们相信，中国的制造业在格力的这种肯于吃亏的"工业精神"的推动下会越走越远。

"实文化"是格力的根基

每家企业尤其是大中型企业都有自己的企业文化，企业文化会因企业的实际情况的不同而不同。在众多的企业文化中，有很多企业倡导"实文化"。

通俗来讲，"实文化"包括"求真务实""实实在在做人""实实在在做事""真抓实干""实实在在创效""实实在在发展""实干兴企"等内容。"实文化"管理，则应该包括企业管理之实、产品之实、风格之实、合作模式之实、员工之实、对顾客之实、战略规划之实等内容。"实文化"倡导的是企业的每位员工都要实实在在做人，踏踏实实做事。格力企业文化的精髓就是"实文化"。

格力有其独特的企业文化：追求卓越、勇于创新，提高人类生活质量，促进社会进步，为社会创造最大财富。自格力成立的第一天起，格力高层就确立了格力"忠诚、友善、勤奋、进取"的企业精神，并与时俱进，在发展壮大的过程中，结合公司的发展战略，先后确定了"勤奋、务实、创新"的核心价值观，不断丰富和拓展了以"实"为核心的企业文化。

"实"浅显讲就是要务实。务实是一种态度，如国家利益、消费者利益至上；务实是一种作风，如脚踏实地、埋头苦干、作风务实、不尚空谈；务实更是一种方法，一种干劲！务实是做人、做事的要求，是企业得以稳定、持续、健康发展的基础和前提。

当前，在一些企业的企业文化里，有很多被当作经典的流行的管理口号，但这只是为了点缀，华而不实。而有的企业却秉着"务实"的宗旨，将企业文化真正地渗透到了日常管理工作中。其实，一个企业的务实，不仅是在思想上要强调，还要从制度上去落实、从行动上去保证，只有这样，才能杜绝好大喜功及热衷于做表面文章的人和事在企业出现。

董明珠认为，做企业就是做人，做人就要诚实、守信，而这些都是格力"实文化"的精髓，即以"实"为基础的"信、礼、新、廉"这种外拓内敛的求实文化。

我们来看看格力的"实文化"中的"信、礼、新、廉"主要承载着哪些内容。

先来谈谈"实"。从格力的企业战略来看，"实"就是实事求是、求真务实、心无旁骛地坚持格力的专业化和稳健的发展之路；在工作上树立脚踏实地、多做实事、稳抓实干、少说空话的工作作风；在市场经营上反对虚假宣传，实实在在地通过优质产品满足客户需求，树立良好的口碑，赢得信誉和市场；在员工身上体现出优良品德，"做诚实人、说老实话、干实在事"，杜绝弄虚作假。

再来看看"信"。"信"就是信念、诚信、信任、守信、信义。

打造优质的产品，为消费者提供更为丰富的产品和舒适的生活环境是格力全体员工的坚定信念。格力在用人机制上秉承信任的原则，公司领导对中层干部的信任、授权，以及中层干部对基层员工和员工之间的彼此信任等。

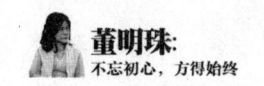

诚信是格力的经营理念，包括对消费者诚信、对经销商诚信和对股东的诚信。对消费者的诚信是指不拿消费者当试验品，用高品质的产品和服务满足客户的需求；对经销商的诚信是指和经销商结成战略伙伴关系，实现多方共赢的局面；对股东的诚信就是做决策时要慎重，努力为股东创造更大的价值……

守信和信义则包括依法纳税，构建和谐社会，主动承担企业公民责任，为国家、社会做出应有的贡献。

中国是礼仪之邦，对"礼"自然是信手拈来，就是尊重、平等、友善、团结和协作。"以人为本"是格力的人力资源理念，在这种理念的推动下，格力建立起了尊重员工的工作氛围，并且建立了全程式的"任人唯贤，人尽其才"的人力资源体系，要求员工对同事、顾客等要以礼相待，且尊重领导，团结同事，平等处事，友好待人。

"新"，即创新、开拓、进取。格力自成立伊始始终进行技术、管理和营销方面的创新，正因为格力在创新之路上没有停歇过，它才会不断地创造佳绩。格力要求员工尊重科学，勇于创新，遵守制度，勇于突破，并对创新者进行物质奖励。

"廉"，指的是廉洁奉公，严于律己。企业是员工发展的平台，企业发展了，员工的发展空间才会更广阔。毕竟企业的发展决定着员工的前途和出路。反过来说，只有全体员工廉洁奉公、克己为人，才可以形成强大的动力，形成良好的企业精神风貌。

总之，格力的"实文化"反映出来的不是管理理念，而是做人的理念，这也是格力文化最有特色的地方。

其实，企业要像格力那样树立起"实文化"的企业文化，还需要从根本上杜绝"四软"和"三空"的问题：

"四软"指嘴软、手软、耳软、心软。"嘴软"指不敢说公道话，不敢坚持正确的立场，不敢开展批评；"手软"指不能秉公执法，结果正气树不起来，邪气压不下去；"耳软"指有些干部禁不起"人情风"，耳根发软，丢失原则；"心软"指习惯于当老好人，该管的不敢管。

"四软"在董明珠身上是找不到任何影子的。董明珠是一个嘴硬、手硬、耳硬、心硬的领导者，所以在他人眼中，董明珠就是一个地道的"铁娘子"。

"三空"是指说空话、摆空架子、放空炮。"说空话"是指平时不做深入的调查分析，讲起来"没有自己的话"，甚至讲些外行话；"摆空架子"是指抓工作华而不实，只求形式，不讲实效，遇到困难就绕道走；"放空炮"是指表态时豪言壮语，落实时却沉默寡语。

"三空"在董明珠这里更是找不到市场。董明珠从来不说空话，只要说出去的话，便一定是掷地有声，便一定要实现。摆空架子更为董明珠所不容，她从来不讲形式，她要的是实效，她是一个迎着困难前进的人。

企业只有像董明珠经营格力那样，杜绝了"四软"和"三空"，才能打造出真正的"实文化"。在追求"实文化"的过程中，有的企业走了极端，不懂得运用正确的方式方法。其实，在追求"实文化"的过程中，注意"度"的把握非常重要。

每一个管理者都应该明白，企业文化是企业发展的灵魂。在企业的文化建设中，如果一味地强调管理层面的大口号，只做表面文章，对员工是起不到应有的约束与规范作用的，企业文化在企业的经营管理中也就丧失了实践的意义。

反过来说，如果只强调务实的文化，只进行约束规范，而员工看不到美好的前景，看到的只是冰冷的制度，员工的积极性和参与热情就不能被充分激发出来，企业文化建设便会流于一种形式，得不到贯彻与执行。

格力的"实文化"告诉我们当今的每一个企业的管理者，一个企业要想发展壮大，就必须摒弃虚假，扎扎实实地去奋斗。一个缺乏务实精神的企业，不但得不到发展，维持生存也将会是很困难的。一旦企业意识到务

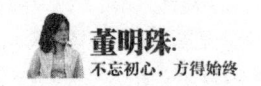

实的重要性，以"实文化"作为企业的文化根基，便会像格力那样，实实在在做人，踏踏实实做事，时刻走在同行的最前端。

培养员工的主人翁精神

在格力，每个员工都有着双重身份，一种身份是受雇于公司的雇员，另一种身份是公司的主人。虽然这两种身份不同，但其中一种都会对另一种起到促进作用。当格力员工的主人翁地位在格力得到切实的保障，他们的劳动又与自身的物质利益紧密联系的时候，他们的积极性、创造性和聪明才智便能充分地发挥出来，员工的精神面貌就会焕然一新，格力也就充满了勃勃生机。

在很多企业，员工往往会有这样的想法：公司是老板的，又不是我的，我凭什么要以主人翁的心态来对待公司？有人曾经问过董明珠："为了公司牺牲个人，值得吗？"董明珠的回答是："值得，而且是超值。"在董明珠看来，个人利益和公司利益是一致的。

她在《棋行天下》一书中讲过这样一件事。初到格力公司做销售员的时候，董明珠被派往安徽。她到安徽时碰到的第一件事情，是前任销售人员所留下来的一笔欠款。按理说，董明珠完全可以不必理会这笔欠款，完全可以重新开拓属于自己的业绩，但她却决定要把欠款收回来再开展新业务。

董明珠就是这样的人，她在紧要关头选择了一件看似比较难，但却非常正确的事情。如果当初她不去讨这个债，公司也不会怪她，因为这不是她所造成的。可是在这一关头，她选择了去解决前任所留下来的问题，正是这样的一个念头，让她展开了作为一个职业经理人非常杰出的旅程，虽然这条道路是困难的，但这条道路却是一直往上提升的。

董明珠的这种做法就是我们常说的主人翁精神，是一名杰出员工所具有的天然禀赋。董明珠具有这种精神，所以她是一个杰出员工；当了格力的领头人，她便是一个杰出的领导。她的个人利益和公司利益是一致的。

一个拥有主人翁精神的人，并不仅仅是让自己成为企业的主人，而是让自己时刻与公司血肉相连、心灵相通、命运相系，并用这样的心态和信念去做好每一件事情，去面对每一个客户。

董明珠认为，员工的主人翁精神直接决定企业的竞争力。如果每一个人都有主人翁精神，都把公司的事情当作自己的事情来做，公司便会增强竞争力。

培养员工的主人翁精神其实并不难。员工的主人翁精神来自员工的归属感，而员工的归属感首先来自待遇。对于待遇，每个人都很敏感，主要体现在员工的工资和福利上。衣食住行是人生存最基本的需求，房子、日常物品等都需要用金钱去购买，而金钱主要依靠在工作中取得的工资和福利来获得。所以，员工的待遇要能满足员工最基本的生活需求才能在最基本的层面上留住人才。在待遇和福利方面，格力可以说是一直领先于同行的其他企业，这也是格力吸引人才的一个方面。

当然，有些人并不单单注重自己的工资待遇，他们更注重的是自己在企业中的位置、个人价值的体现以及自己未来价值的提升和发展。这里的个人价值主要包括技术能力、业务能力、管理能力、基本素质等，为员工提供以上能力，是企业增强魅力、吸引人才的重要手段。

在格力，每个人的价值都会有所体现，有能力的可以凭着格力的考核制度进入格力的管理层；技术水平不佳的可以在格力得到专业的培训……如此，格力人又怎么会愿意外流呢？

董明珠认为，要想树立员工的主人翁思想，必须在精神上和经济上共同下功夫。员工精神上的归属意识产生于全身心地参与。当员工认识到他们是全局工作中必不可少的环节，认识到他们的努力能够发挥作用时，他们便会更加投入地工作。要使他们全身心地参与，还必须让他们在经济上与企业共享利润，共担风险。

在格力，每个员工都可以参与到管理中去，这样大大增进了员工对格力的归属感。同时，在员工参与管理的过程中，还提升了员工的能力，促进了任务的达成。如果企业把员工只当作被雇佣的人，便会让制定决策变成七嘴八舌的讨论，那样只会降低效率。

格力给每一个员工的机会都是同等的。比如在中层干部的竞聘上，在员工的考核上，都本着公平、公正、公开的原则，让每一个员工参与其中。机会是属于每一个员工的，不能被少数人独占，否则容易造成群体的压力与紧张，从而会减弱整个组织的合作精神。要建立合理的规章制度，制度面前人人平等，无论是什么人，都要严格按照规则办事，只有这样，员工才会在心理上感到平衡，心灵上也会得到满足。

每一个有兴趣爱好的人在格力都能发挥所长：喜欢钻研技术的，去做科研的相关工作；擅长搞管理的，去挖掘、培养他们的管理能力，并适当地提供管理机会。在格力，管理者们会想尽办法去调动每个成员的积极性，使他们对团队的目标产生共鸣，积极地协作配合，增强员工的归属感，让每个人认识到自己是格力这个大家庭中不可缺少的一员。

第七章

人才是企业第一生产力

　　仅有好的制度、好的规则还不够,还必须要有一个好的人来执行。制度再完善,但执行人将其束之高阁,或者选错执行人,都会付出沉重的代价。企业有一批优秀人才会一顺百顺,一往无前;如何寻找、使用、保护优秀人才,也是一个非常值得重视的问题。

董明珠:
不忘初心,方得始终

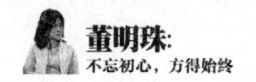

广纳人才,以德为先

"对一个企业的发展来说最重要的环节有三个:一是技术,二是管理,三是人才的培养。"在谈到企业对人才的培养时,董明珠如是说。的确,企业的竞争最终是人才的竞争,企业用人,"才"是不可或缺的,因此,当企业在招聘人员之时,也往往把具有什么文化与技艺等放在重要位置。"人才就是财富"似乎成了企事业单位和求职者的一种共识。

不过,在董明珠看来,一个人再有才能,没有德行也不足以担当大任。才能欠缺,可以通过企业文化等多方面的环境培养出来,但一个人若是失了德行,便很难委以大任。董明珠曾把"德"比作汽车的方向盘,把"才"比作汽车的发动机。董明珠说,无德之才,犹如失去方向盘的汽车,会误入歧途,而且是发动机马力愈大,伤害就越大。所以,董明珠认为,企业用人时,一定要把忠诚放在首位。董明珠是这样说的,也是这样做的。董明珠在格力的干部队伍建设过程中,每年都会提供给他们一个展示自我的平台,然后依据他们的处事能力、组织能力,以及对企业的忠诚度来决定是否留用和是否升迁。如果一个员工不忠诚于格力,即使再有能力也不重用。

在董明珠身上,完美地体现了德才兼备的品质。有一年,格力公司在广州的营销部门被集体挖走了,对方并不满足,又以年薪百万的收入来诱惑董明珠加盟。但遭到了董明珠的严词拒绝,她毅然接受公司的派遣,到广州做营销主管。因为是领薪水,不拿提成,工资自然是低了一些。可是她很乐意接受这样的挑战。她的做法,不仅获得了公司的重用,赢得了经销商的信赖,也使她在经销商圈子里获得了非常好的口碑。

现代管理学奠基人杜拉克说:"有德无才培养使用,无德有才限制使用。"对于企业来说,"忠"和"能"两者需要有所侧重,但是又不能极端化。

需要强调的是，这里所说的忠诚与某些人眼里的所谓忠诚是有区别的，某些人眼里所谓的忠诚首先是对老板个人忠诚，其次才是对企业的忠诚。从某种意义上来说，对老板的忠诚和对企业的忠诚有相通之处，但这之间又有着微妙的差别。对老板忠诚的人，对老板的决策大多是言听计从，不管老板的决策是对是错，只要是老板下的命令，他便一定会竭尽全力去完成。而对企业忠诚的人，则会为了企业的发展而质疑老板的决策，甚至会因为老板做出的错误决策而挑战老板的权威。只有当员工对企业有了一定的忠诚度，才有可能使这种忠诚形成有效的统一，从而作用于企业的发展。

对此，董明珠眼里的忠诚的人便是有德之人。董明珠在对格力发展情况分析后曾表示，格力在技术和管理方面都具备了很高的水平，内部管理也相对健全，但是最难的部分就是人才的培养，因为这项工作不是短时间的努力就能看到效果的，需要长时间的培养和渗透。董明珠认为，想要打造一个百年企业，光靠一两位优秀的企业领导人是无法实现的，而是需要一代代德才兼备的优秀人才共同协作。

什么是无德之人？董明珠认为，那些不安心本职工作、骑驴找马的人，那些溜须拍马、暗中使坏的人，那些欺骗领导、信口雌黄的人，那些打探公司机密、包藏祸心的人等等，都是无德之人。

走上格力的领导岗位后，董明珠身边不乏那些想借着奉承她而捞取好处的经销商，更不乏那些对她溜须拍马想取得一个好职位的普通员工或想走上更高职位的各层干部。对此，董明珠的反应只有一个，坚决不予理睬。董明珠还警告企业的管理者们，任何时候都不要高兴于自己被一捧冲天，要时时注意自己的言行举止，少听些拍马屁的话，少看些表面工作做得天衣无缝的事，而去更多关注那些踏踏实实、默默无闻，做任何工作都不图回报的员工。

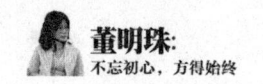

对于欺骗领导，犯了错却死不承认的人，董明珠是从来不手软的。前面说过这样一个例子，一名格力的管理干部在家陪家人却向董明珠撒谎说在陪客户，董明珠知道实情后，坚决地把这名干部撤了职。

在格力，一个员工如果辞职，哪怕这个员工再优秀，也不会再次被格力录用。在董明珠看来，一个轻易就从公司辞职的人，一定是那些对企业缺乏忠诚度的人，一定是对企业文化不认同的人。忠诚于格力，认同格力企业文化的人，是赶也赶不走的；不忠诚于格力，不认同格力的企业文化的人，是留也留不住的，即使这个人现在不走，早晚也会走的。而且，企业中有一批不忠诚于企业的员工，对企业来说也是一种隐患。对企业文化不认同的人，对企业缺乏忠诚度的人，何来有德之人？

董明珠对这些无德之人向来是不会手下留情的。也正因为董明珠的铁腕，格力才培养出了一批批优秀的员工及领导干部。在谈到接班人的培养问题时，董明珠更加强调，格力的接班人首先要是大德之人，以大德率大才。德必须驭才，才必须从德，而不是舍本逐末。德才兼备之人才是格力接班人的最佳选择。

中国有句老话：先做人后做事。意思是说，做人是做事的基础，人都做不好，是难以成大事的。那种过分看重才能而忽视品德的做法，不利于人才的成长与企业的长远发展。在这方面，格力的人才价值观值得每一位企业的管理者去参考与借鉴。

企业要发展，必须广纳人才，有了人才企业才具有了竞争力，但广纳人才时，一定要像董明珠那样，有德无才培养使用，有才无德限制使用。只有这样，企业才能像格力那样，真正做到以人为本。

放手，才能飞得更高

再好的风筝，如果用一条线牵着，它永远也不会飞高。只有舍得放手,风筝才能飞得高、飞得远。企业中的授权也是同样的道理。那些诸葛亮式的管理者,事必躬亲,总是把权力攥在手里不肯下放,让员工如何为其分担工作、如何承担责任?所以,适时地下放权力,才能真正使人才起到尽可能大的作用。既可以让员工有足够的权力便于开展工作,又可以最大限度地减轻自己的工作量,用节省下来的时间去做更有意义的事。

一个有一定规模的大企业,如果老板事事亲为,那是不可想象的。事实上,每个企业都聚集着一大批有才华的管理人员,以及各个领域的专家。他们管理、领导着各自工作范围内的团队成员,保证了企业的正常运转。可以这样说,一个企业之所以能把生意做大,一个重要的原因就是其善于寻找操作能力强的人才,替老板独当一面。而对于一个企业来说,最大的悲哀则莫过于有才不知、知而不任和任而不用。沃尔玛创始人山姆·沃尔顿也说过:"一名优秀的经理,最重要的一点就是懂得授权和放权。"授权已经成为企业充分利用人才的一种重要手段。朱江洪和董明珠都是乐于并且善于将权力分配给自己下属的人,他们懂得该放手时就放手,为下属创造一个施展才华的舞台。

在格力的许多人眼中,朱江洪是比较容易沟通的领导。当格力的关键技术的研发遇到瓶颈时,朱江洪不是对团队施压,更多的是安慰研发团队。而董明珠的特点与朱江洪恰恰相反,不仅气场强势,且要求极严,批评人毫不留情,下属们在她面前难免会战战兢兢。

董明珠的强势是有其原因的。董明珠是用十年的时间一步步从基层业务员做到格力总裁的,她的每一级晋升都意味着一场战斗。她曾经是格力的销售冠军,专业能力极强,成为总裁后她更加充满自信,但对下属也多了些不放心。

朱江洪曾说:"我只管关键的大事情,一般的我不抓,不然要那么多老总、副总干吗?"朱江洪是提倡放权的,但董明珠却对放权问题相对保守。也许正如华为董事长任正非所说:一个什么都懂的领导,反而不敢大

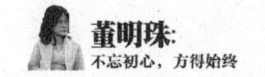

胆放权。

董明珠并不是不放权，对于下属，董明珠可以放手、放权，只不过，对于放权的下属，她会更加严格对待。董明珠越来越同意朱江洪的观点，管理一定要放手，但放手不等于不管，不等于不监督。正是因为格力有了全面的监督体系，因此才敢放手。

在格力，董明珠是一个绝对理性的人，该控制的她会控制，该让员工发挥的绝对放权。在她看来，适时地按照管理层次和岗位职责对下属进行放手既能够打破陋习，给员工广阔的发展空间，也能激发员工对企业的责任心和忠诚度，达到双赢的效果。这有点像家长在培养孩子，只要不犯大错误，就任其折腾，一旦犯了原则上的错误，就对其进行点拨教育。董明珠培养人才的苦心，可见一斑。由此可见，真正高明的领导者善于使用众人的智慧，善于为员工制定规范，实现远大目标。下属各有所长，就应当各得其所，根据其特点的不同安排不同的职位，使其能够充分发挥才干。

不过，即使知道授权的重要性，但让一些企业领导真正把一些权力下放给下属却不是一件容易的事。在实际工作中，企业领导的工作习惯和一些认识的误区是导致授权丧失效果的主要障碍。如果说董明珠和朱江洪是懂得授权的高手，那么，是因为他们在工作中避免了陷入这些误区。

董明珠认为，对授权的对象要求一定要严格，但不能苛刻。很多企业领导都会这样认为，把一项工作授权给能力高的人才是合理的。实际上，不同的工作可以授权给不同的人，针对特定的情形和对象使用最佳授权方式，可以最终减少团队中资源的冲突。

有时候，由于员工是新手，管理者不敢对其授权。这种做法是相当错误的。授权的过程其实也是一个授权者与被授权者共同进步、共同承担责任、共同学习的过程，新手同样具有潜力和价值。在格力，只要你达到了格力考核的要求，你便能成为授权的对象，否则，董明珠绝不会让一个业务不合格的人进入管理层，即使是生产基层。

一个管理者既然能坐在领导层的座位上，肯定是有过人之处的。但是，管理者即使在很多领域中都具有非凡的能力也一定要避免事事亲为，因为那不代表你的成员不能做这些事。如果你习惯事事亲为，那么，你的员工则会养成惰性。即使有些事的确是举手之劳的事，但如果企业的管理者因此而不想"麻烦"下属去自己解决的话，一个管理者的宝贵时间就会在这些并不重要的举手之劳的工作中浪费掉了。更重要的是，这种做法会使下属的能力更加缺乏。

在董明珠看来，格力的每一个干部、每一个员工都是能力非凡的，这种非凡的能力正是在合理的授权下培养起来的。在工作中，要求严格是无可厚非的，但如果要求过于尽善尽美则会使管理者对下属的能力产生怀疑，从而在授权工作上止步不前。

其实，当一个决策者懂得了授权的重要性，也决意要对下属授权时，依然会觉得很茫然。董明珠认为，这时候，管理人员心态的自我调适是相当重要的。实施授权的管理者必须进行心态的自我调适，勇敢地面对自己内心潜在的，对授权的恐惧，并建立起自信心。同时，在企业内部创造一种鼓励创新、承担责任的气氛，并使这种气氛成为授权推行的深厚土壤。

当然，管理者要求下属完成某项工作任务时，就必须给予其充分的权力，如调用公司或部门的人、财、物等各方面资源的权力，毋庸置疑，这些权力必须是完成工作所必需的。决定授权后，企业的管理层自上而下，对于授权要有深刻的理解。每一阶层的管理人员都应该明白：为了企业和全体员工的共同成长，领导者必须容许下属做决定。为了使授权制度能够获得成功，企业全体人员必须做好付出犯错误的代价的准备。为了更好地协助下属和管理者双方适时地衡量工作的成果，管理者在授权的同时还必须把绩效评估的标准订立出来并公之于众。

在格力，无论是竞聘制还是考核制，都是建立在公开、公平、公正的基础之上的。随着授权的开始，绩效评估的标准也会随之而来，如果达不到这个标准，授了权也还是会把权力收回来的。

　　授权是管理者与下属之间的互助合作，所以，授权行动只有得到授权者的认同，才能顺利推行。事实上，授权也是训练下属的一个好方法，通过这种方式得到的舞台，使下属的全部才能得到充分展现。授权下去后，管理者并不是就完成任务了，因为管理者对授权的对象是要负有责任的，其一是监督下属达到预期目标，其二便是在下属需要帮助的时候及时地提供协助。

　　董明珠一直强调，授权重要，但是授权并不等于放权不管。授权意味着激励员工承担更多的责任，拥有更多自行决策的权力。当然，千万不要以为有风筝线控制着就万事大吉了，要知道，情况随时都可能会发生变化，稍有不慎，风筝便会失控。所以，授权后要及时跟进，时时保持拉线的韧度，绝不使之失控。除了跟进，还要对授权的下属进行监督和控制。格力对中层干部的监督管理便是一个佐证。

　　不可否认，企业的根本目的是赢利，而适当放权有益于公司发展。如果每一个企业的管理者都能像董明珠和朱江洪一样大胆放心地授权，从琐碎的事务中脱身出来，便能把精力更集中地放到大局上来。团队上下各司其职，团队业绩哪能不蒸蒸日上呢？

忠诚比智慧更有价值

　　在一项针对世界著名企业家的调查中，在"您认为员工最应该具备的品质是什么"一栏中，几乎所有的企业家都无一例外地选择了"忠诚"。比尔·盖茨曾说过：这个社会并不缺乏有能力有智慧的人，缺的是既有能力又忠诚的人。相对来说，员工的忠诚对于公司而言更重要，因为智慧与能力并不代表一个人的品质，对公司而言，忠诚比智慧更有价值。

　　格力对人才考核的要求首先是忠诚，然后是敬业。董明珠最看重的是一个人对企业的忠诚度,她认为,没有忠诚其他都免谈。一个员工不忠诚于企业,那么,这个员工越有能力就越不能用,否则,对企业的伤害会越大。董明珠还认为,仅仅是因为钱而奋斗的人是不可用的,为此,她制定了看似苛刻的规定:研发人员和高级管理者如果从格力离开,将永远不再被公司重新接纳。在董明珠看来,一个不认同格力企业文化的人一定会走,留也留不住。

格力人为什么如此忠诚呢?董明珠在这方面自有一套办法。首先,格力为员工设定了有足够吸引力的薪资标准。每个人生活在这个世界上都必须去面对物质的诱惑,再忠诚的员工,也不可能只工作而不问薪资,追求高薪,是每个人工作的主要动因。所以,培养忠诚的员工首先要有足够吸引力的薪资标准,且这一薪酬体系要科学、合理,并对外部市场的竞争力要有一定的估测与预判。

依据职位和对企业的作用不同,企业可以对员工进行相应的职位价值评估,并在企业内部建立完整的职位价值序列,根据职位价值序列进行职位的基础薪酬设计。自2016年起,格力又开始筹划员工持股,2021年6月下旬公布了第一期具体方案。虽然后期这一政策的实施和效果还不明朗,但是也是在职工薪酬体系改革方面的积极探索。同时,在这一过程中,格力建立了一套完善的绩效考核管理体系,通过这一体系,员工的变动薪酬与绩效考核结果紧密联系起来,员工的收入与贡献挂钩,实现了企业的内部公平性。这样,便有效规避了员工由于内部分配不公产生的心理不平衡,进而消除了员工对格力产生的不满情绪。

另外,格力在注重企业发展的同时,还不忘帮助员工实现职业生涯规划和职业发展机会。职业生涯规划,指个人结合自身情况以及眼前的机遇和制约因素,为自己确立职业目标,选择职业道路,确定教育、培训和发展计划等,并为自己实现职业生涯目标而确定行动方向、行动时间和行动方案。

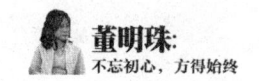

格力对企业文化的塑造是相当重视的。企业文化是通过员工在日常的工作中逐渐积累、沉淀下来的成文或不成文的行为准则、价值观念和思维方式形成的。良好的企业文化能增强员工对企业的忠诚度。

忠诚度的培养还有好多方面。根据员工自身的特点、年龄和需求，企业可以进行非法定福利的差异化设计，比如，超额完成公司规定的部门可以享受两天带薪休假。对于那些没有固定下班时间的业务人员来说，一方面，休假后可以以饱满的热情投入到新项目中去；另一方面，业务人员也会因为这一特殊的福利而增加对企业的忠诚度和归属感。

当然，格力人的忠诚并不仅仅来源于这些，领导者的信任，企业为之提供的教育和培训机会也是格力人忠诚于格力的主要动因。提供教育和培训的机会不但能提升员工的素质和能力，还能增加员工对企业的认同感和归属感。从而提高员工的工作效率和工作质量，使企业的效益最大化。格力很少用空降兵，而是重视对自身人才的培养，主要是为员工提供教育和培训的机会。在格力，每年都有对每一层级的专业培训，通过培训，员工们的业务水平更加精进，对格力的依赖也更加强烈。

信任是人的一种精神需求，在董明珠看来，这是对员工的最大褒奖和安慰。信任能够让员工对企业更加忠诚，更能促使他们死心塌地为企业努力工作，能够最大限度地让员工的才能得到发挥。如果用人而不给予相应的信任，处处猜忌，处处予以限制，被任用的人便很难对企业保持忠诚，很难为企业尽心尽力地做事。想当年，董明珠一次又一次地晋升又何尝不是朱江洪对其认可的结果呢？这一信任，使格力有了一位高能力铁手腕的女CEO；这一信任，使格力有了更加辉煌的一页。

公开竞聘制促进优秀人才脱颖而出

与普通员工不同，中层干部手中握有不大不小的权力。如果失误发生在一个员工身上，可能只是一个产品或一批产品的问题，再大的损失也能用金钱来计算；而如果失败出现在大大小小的中层干部身上，损失就大得多、严重得多，无法用金钱来计算，甚至会使企业走向灭亡。所以，目前的很多企业都在中层干部的选拔和培养上下足了功夫，努力让一些真正具备管理潜质的人走上中层干部的工作岗位，并且用科学的手段去培养他们，让他们不犯错或是少犯错，让他们在自己平凡的岗位上做出不平凡的贡献。于是，中层干部的选拔便作为一个事关企业前途、成就、利益，体现人生价值的重要事项，被现代企业所关注。

为适应格力电器改革发展的需要，进一步优化和完善组织架构，拓宽企业管理人才的选拔视野，建立健全一支适应现代企业管理需要的企业中层管理队伍，格力电器对中层干部实行了公开竞聘制。

什么是公开竞聘制？公开竞聘制是现代企业干部选拔的方式之一。员工可以平等参与岗位竞聘，由企业组织考官进行评审，经过一系列测试，以德、才、能、识、体的全面标准衡量选拔员工。

格力的中层干部公开竞聘制是通过自荐、提交论文、笔试、面试等层层考核，层层把关，把那些思想素质好、业务能力高、组织管理能力强的人选拔出来。在层层选拔后，很多优秀的管理人才脱颖而出。通过中层干部公开竞聘，在格力内部营造了一种良性干部竞争氛围，激发了中层干部的职工责任心和危机意识，增加了凝聚力，有利于进一步强化格力的经营管理。

董明珠认为，中层干部的公开竞聘制是最合理的人才竞争方式和干部选拔方式。从目前格力的人才选拔情况和格力的发展状况来看，格力选择公开竞聘制是完全符合格力对人才和对发展的需要的。

以往的干部的任命制往往会造成其他员工从心里不服的情况，因为他的干部头衔不是光明正大得来的，而是经过领导任命或是通过某种隐蔽渠道得来的。而公开竞聘制，就像把想当干部的人像马一样放在赛马场上，

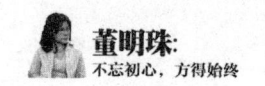

谁能当上干部，谁当不上干部，并不是由某个人说了算，而是公开竞争产生，还有谁会不服呢？

格力之所以在空调行业技高一筹，始终走在时代的前列，这与企业的中层干部团队的素质是分不开的。在董明珠看来，干部的公开竞聘制能最大限度地确保干部团队的质量。即使通过笔试、面试层层选拔出来的干部选得不太理想，但绝对要比任命制强得多，且具有强大的说服力。而实行干部的公开竞聘制则杜绝了找门子、拉关系、钻空子等劣质人员进入企业各级领导层的机会，即使偶尔有一两个素质较差的人进入了领导层，也会因有严格的民主管理监督制度而使其难以立足。

干部的公开竞聘制还可以转变一些人的传统陈腐观念，破除"唯学历论""唯资历论"等不合理的干部任用制度，使企业充满清新向上的朝气。董明珠最欣赏公开竞聘制的一点就是公开竞聘制是遏制干部腐化堕落的根本措施。干部竞聘上岗后，格力的监督管理制度便开始对他们时时刻刻进行着监督，在双重的制度保障下，干部是很难腐化堕落的。实践也证明，格力的腐败现象在各大企业中是最少的一个。

虽然格力的这种"能者上，庸者下"的用人机制，是本着公开、公平、竞争、择优的原则开展的，但董明珠还是不敢放松警惕。她经常向选拔的这些中层干部教授她自己的理念，用自己的理念去影响每一位中层干部，试图让他们学会善于运用自己手中的权力。在董明珠看来，制度只是一种工具，是死的，而人却是活的，是在不断发展变化的。再完美的制度也不能完全控制人性对欲望的追求。所以，她认为，即使是通过竞争上岗的中层干部，能否在以后的工作中实践自己的承诺，也将是一个未知数。毕竟人的职位越高，面对的诱惑也就越多。如果自己不能约束自己，跳槽、收受贿赂等"出轨"现象自然会成为非常平常的事情。

格力的领导层也承认，格力中层干部的竞聘的制度流程、操作方法，包括试题、面试等各个环节仍然存在着诸多需要改进的地方，引入更为先进的人事测评方法，建立更为客观、细化、严密的操作规程有利于竞聘工作水平和工作质量的提高。董明珠认为，格力的中层干部竞聘制在很多方面还有待提高。

例如，格力在实行中层干部竞聘的过程中，还在逐步改进着竞聘的细节：中层干部竞聘时的笔试试卷的出题方式和科学性正逐步改进，尽量避免出现死记硬背且对能力反映不直观的题目，而侧重考管理水平、考思维方式、考应变、考解决问题的能力和创新的能力，尤其要考查其带领团队的能力。针对中层干部竞聘时的面试，格力还邀请其他知名企业的高级管理者或同行业的高级管理者参与评审。

当然，对竞聘出的中层干部候选人，格力除了测评出民主评议和考试外，还特别重视其在现实工作中的业绩，制定出定性、定量的指标并严格执行，以全面了解其真实的工作能力。

在使用中层干部时，董明珠一定要先了解他们的性格、工作风格和专业特长，以真正做到人尽其才，这也是董明珠对干部的培养与爱护，她认为，反之则是对中层干部的不负责任，也会给企业的发展带来不利影响。

综观格力的发展现状，中层干部的竞聘制似为格力量身定做一般，通过竞聘制，一大批中层干部脱颖而出，在为格力贡献突出业绩的同时，还成为本行业的行业标兵。董明珠说得好，正是有了这些优秀的中层干部，才有了格力辉煌的今天，也才会有格力更加美好的明天。

宁可自己培养人，也不要跳槽的人

现代企业可持续发展最重要的要素是什么？是人才。如何才能更有效地识别人才、培养人才、留住人才、真正发挥人才的作用，已经成为各企业可持续发展中不容忽视的问题。

人才是企业兴亡的关键，是企业竞争力的核心体现，是企业发展的根本动力，企业的价值要靠人才去实现。归根到底，企业之间的竞争是人才的竞争。企业为人才提供了发展的平台和机会。古人说得好："人才难得，得人才者得天下。"这句话足以说明人才在企业中的重要性。在市场经济中，人才资源也是一种潜力无穷，可以不断再生的资源。企业与员工的关系就像鱼和水的关系，有水，鱼才能更好地生存，有鱼，水才能更加清澈，这是一种密不可分的关系。

对于培养人才，格力从不吝啬，格力的用人标准是，宁可自己培养人，也不要跳槽的人。所以，格力在培养人才上下了血本，格力的骨干都是格力自己培养出来的，从来不用空降兵。董明珠说："被挖走一两个，没什么大不了的，如果员工纯粹为了待遇，再多的钱也未必留得住。我希望格力电器能够成为中国制造业的黄埔军校，为社会培养人才，这也是很有价值的，对社会是巨大的贡献。"在董明珠看来，一个企业只有不断培养人才，才是最好的企业。

在格力，培养人才的前提是确立"以人为本"的培训理念。人才是企业发展中的战略性资源，如何开发人才、培养人才和使用人才，充分发挥人才的积极作用，已成为现如今摆在每一个企业面前的重要课题。目前，"人"在企业中的地位在不断上升。格力的成功经验与发展是有目共睹的，格力的成功在于它的竞争力，格力人认为，培训也是竞争力。所以，格力建立了以价值观念为基础、以实战技能培训为重点、以良好的培训环境做保障、以个人生涯培训促成发展这样一种人才培训机制。

在董明珠看来，以人为本，就要尊重人的意志，在传达企业价值理念、培训员工知识的同时，充分尊重员工的个性化要求，把两者科学地结合起来，以期达到最佳的培训效果。使人才真正充分为企业所用，也使企业成为人才发展和实现个人价值的有效平台。

确立"以人为本"的培训理念的同时，格力还不断加大对人力资源培训的投入，建立科学的选才用才机制。培训支出是很重要的投资，这种投资在促进员工素质提高的同时，也是有回报的，而且回报更高、更长远、更有意义。加大培训投入不但能使人力资本增值，而且也成为企业吸引人才、保持员工队伍稳定的重要因素。

格力内部有一套完善的人力资源部培训体系。通过培训，增强员工对格力的认同感，增强员工与员工、员工与管理人员之间的凝聚力及团队精神。

所以，员工培训是提升员工技术、能力水准，达到人与"事"相匹配的有效途径。完善的培训体系主要包括以下几个方面：

1. 建立完善的培训制度

建立完善的人力资源培训体系的基础就是培训制度，培训制度需要企业根据有关规定，结合本企业生产、经营的实际，参照国内先进企业或国外一些成功企业的经验制定，可以包括培训服务制度、激励制度、考核评估制度、奖惩制度等。

2. 掌握培训需求信息

通过分析，了解哪些员工需要进行什么样的技能培训，需要补充什么知识，了解上一次培训无论是培训者还是受训员工存在哪些问题，为制定合理的培训计划提供依据。

3. 制定培训计划

制定完善的培训计划是完成培训目标、实现培训预期效果的关键。因此，制定培训计划时，要使计划服从于企业的生产、经营和发展的战略需要，建立在企业对人力资源现状统计分析和需求预测的基础上，防止盲目性。

4. 实施培训计划

再好的计划在实践中得不到充分的实施也是没有意义的。培训的内容一定要保证其适应性、时效性和针对性，以求取得好的成效。

建立了完善的人力资源培训机制后，格力还加强了对人力资源培训激励制约机制的建立健全。格力根据培训的效果对参加培训的员工进行物质、精神的奖励或晋升晋级等激励，让培训成绩好的员工有充分的表现机会，让他们在实践中不断得到锻炼、得到提高。

此外，格力尽量创造帮助员工的环境，让员工从中感受到该如何去关爱他人。比如，格力正在创造的"一人一居室"规划，就是关爱员工的一种形式。

格力在家电行业素有"黄埔军校"的美称，因为它吸引并培养了一大批技术专才，这些人对格力是绝对忠诚的。格力的人才队伍是在格力企业文化的认同下培养出来的。真正的格力人才是挖不走的。所以，在格力内部有一条不成文的规定：领导干部不用空降兵，全部自己培养。格力的100多名中层核心干部，全部来自格力内部的人才培养体系。董明珠曾骄傲地表示："20多年来，格力电器培养了一大批骨干支撑了企业的发展，这也是格力保持高速发展的引擎。"

只要员工积极努力地去工作，在格力便会得到认可，个人价值便能够被充分展现出来。董明珠在人才的培养方面可谓是用心良苦，在她的精心培养下，一大批业务过硬、品格优秀的管理人才走上了领导岗位，格力的管理焕然一新，走上了快速发展之路。

接班人梯队是最大的财富

董明珠在成为格力总经理的第一天，当被问到新官上任要烧哪三把火时，她郑重地说："我一把火都没得烧，唯一要做的事就是培养接班人。"董明珠认为，一个企业仅有好的制度、好的规则是不够的，还必须要有好的人来执行。对于现代企业来说，最棘手的问题不是市场，而是经营人才问题。

接班人梯队建设，是指当现在的人才正在发挥作用时，未雨绸缪地培养该批人才的接班人，也就是做好人才储备，当这批人才变动后能及时补充上去和顶替上去。而且，并不是培养一批接班人，而是培养接班人的同时，还要培养接班人的接班人，这样就形成了水平不同的人才，就仿佛站在梯子上有高有低一样，所以形象地称为接班人梯队。接班人梯队能有效避免人才的断层。

接班人梯队建设非常重要。中国民营企业曾经出现过很多辉煌一时的流星，如济南三株集团、珠海巨人集团、沈阳飞龙集团等都曾有如日中天般的辉煌。然而，它们的事业盛极而衰，或是只能说是处于"初盛"，转瞬之间即已衰落。这些公司衰落的原因固然很多，但没有稳固的接班人梯队是其衰落的一个主要原因。

格力培养了很多人才，理所当然地成为很多企业挖人的对象。2007年，国内某空调企业的老总亲自在格力附近的宾馆里住了一个多月，打算从格力挖一些技术专家和高级管理人员。但最终一无所获，悻悻而归。

其实，要想成为董明珠看得上的接班人，并不是一件容易的事。董明珠说，要辨别、培养人才很不容易，特别是当一个人拥有权力的时候，也正是最考验一个人的时候。平时看一个员工可能各方面都很好，但当他有权力的时候，是否能够做得好就很难讲。

企业与人才的关系如同大树与绿叶的关系，企业是大树，员工是绿叶。一个人才在企业里能做很多大事的前提是这个企业给他提供了办事的必要条件，否则将一事无成，个人只是成就这些大事中的某一个环节，不是成就这些大事的全部条件。董明珠曾断言："在格力不行的人到其他地方更不行。"

令董明珠欣慰的是，格力的接班人梯队正在成长，而且从未中断过。她当年在经营部独自建立制度、管理队伍的时候，面对的是形形色色的人和各种不同的环境。而现在，格力的中层和高层队伍都在成长，接班人梯队也在成长，各项工作和制度已经日常化和规范化。

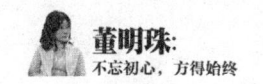

董明珠说:"格力培养了我,朱江洪董事长培养了我,而我正在培养更多人。打造一个百年企业,不是一两位企业领袖完成的,而是需要一代代、一批批优秀的德才兼备的人才。"

格力的接班人担负的是让格力继续稳步发展的责任,不仅要有才干,还要思想品德好。董明珠认为,接班人界定的最基本的准则是对格力的忠诚。但要更好地发展壮大,还必须加强对各方面人才的培养。

格力一直追求着打造"百年企业"的目标。董明珠明白,实现这个目标并不是一代人所能完成的,而是需要一批又一批的优秀的接班人去完成。接班人要有可以为格力牺牲的精神,有为事业奉献一生的胸怀,如果没有这样的人来接班,如何能成就一个百年企业?

在董明珠眼里,要成为格力电器的接班人,必须具备两个基础条件:先是要有责任感,其次是奉献精神。"我希望年轻人要培养一种对整个社会、对别人,而不是只对自己的责任感,只要你想成为一个领导者,你就要具备这种责任心。未来的30年,我们只有具备了这种责任感的人,才可能使我们得到更快速的发展。"

培养接班人需要有一个持续的、长期的发展规划,以保证接班人能够有足够的胜任力。格力在培养接班人时,一直在不断地向格力的各部门贯彻落实接班人梯队建设队伍制度,以得到各部门负责人的理解、支持和配合,这样做的结果,便是在全格力形成了一个人才培养的造势。

造势形成后,董明珠在员工内部建立了接班人梯队建设计划。针对格力现在各岗位的岗位职责说明书和岗位要求,制定了各岗位的发展方向,并由人力资源部制定接班人梯队建设制度。

事实上,每个企业都有每个企业的特点,管理者可以根据本企业的特点进行接班人梯队计划。如果接班人从企业内部选用,企业的各部门经理可以根据梯队成员条件对员工进行考察,计划培养人数量及时间,如发现有符合接班人梯队建设的人员,马上上报人力资源部备案,并及时与该员工沟通，发现其优势及劣势，需要得到什么样的提升及培训等。

确定了接班人梯队成员，还要对梯队成员进行工作跟踪及考核。只制定制度，不执行，那接班人梯队建设将形同虚设。所以，一个季度或半年要对人才进行一次评估，需要培训的及时安排培训，可以提升的马上提升。

接班人梯队建设会使企业员工不断地接受新岗位和层次的变化，为了适应这种变化，员工则必须不断地提升自身素质，改善素质结构。而这种职位上升的过程也将给员工们带来很大的精神满足，使员工把自己的工作效率提高到最大。董明珠认为，格力每个员工的奋斗过程加在一起便是格力业绩增长的过程。

在实际工作中，有时企业管理者求才心切，发现某人有一技之长，便委以重任。殊不知，有些人虽然学有所长，但却因缺少忠诚等缺点而使企业有朝一日处于岌岌可危之地。所以，知道了如何进行接班人梯队建设后，还需要警惕那些想通过接班人梯队建设进入领导层的怀有不良动机的员工。这种怀有不良动机的员工在董明珠看来就是不忠诚于企业的员工，董明珠认为这种人即使有再高的能力也不能让其进入接班人梯队，否则后患无穷。这是因为：

1. 投机者不可进入接班人梯队

善于察言观色，把自己作为商品，谋求在"人才市场"上讨个好价钱，在工作上专好讨价还价，这些便是投机者的主要特点。这些投机者往往会对雇佣他们的公司施加压力，以使该公司的领导给他们以晋升或增加工资的机会，来加速他们在原公司的发展。

2. 自命不凡者不可进入接班人梯队

自命不凡的人会对别人的一切举止、想法不屑一顾，这种自命不凡的人对谁都看不起，觉得世上唯有自己最有能耐，更不要奢望他们会对企业忠诚了。

3. 给多少钱干多少事者不可进入接班人梯队

每个企业里都会有这样一些员工：在应聘时会向公司大表决心，做事一定会勤快，任劳任怨，一切听老板指示；而一旦进入公司，就会满腹牢骚，报怨事情太多，而福利太少。"薪水给得这么少，每天能干这么多的活就不错了。"这些员工，往往是看钱的多少来做事，给钱多就多做事，给钱少就少做事，给多少钱做多少钱的事，如果没有钱，一切免谈。

4. 温驯顺从者不可进入接班人梯队

在企业中，那些温驯顺从的员工往往是深受管理者宠爱的，但正是这样的一些人却存在着极大的威胁。温驯顺从的人一旦有机会掌握权力，很可能会一反常态，在背后暗箭伤你。

5. 权力欲强者不可进入接班人梯队

有这样一种人：浑身上下都散发着按捺不住的野心，时时刻刻不忘在别人面前显示自己的能力。相比之下，这种人的确有能力，但这种人权力欲太强，他们往往会为了升到最高层的位置而不择手段，从而常常会破坏企业的正常工作秩序。

任何企业要想有长足发展，都需要大力进行接班人梯队建设。像格力那样，以人为本，为各级人才做好梯队建设，必能把格力精神发扬光大，为成为百年企业打好基石。

坚持人才价值观，不断革新用人制度

企业发展不只是自身利润的增长，更重要的是人才的培养。只有解决了人才问题，才能保证企业的可持续发展，没有人才，其他都是空谈。在格力工作的近30年里，董明珠从一个普通的业务员做到了集团总裁，她一直认为自己能有今天是朱江洪不拘一格用人才、充分放权、刻意培养人才的结果。同时，她也认为，人才对格力的发展是至关重要的。在格力进入董明珠时期后，更加重视对人才的培养和选拔考核，并实行"能者上，平者退，庸者下"的制度，用人唯贤，不用人唯亲，建立了一支"团结、高效、进取"的领导班子和员工队伍。格力从不去同行企业挖人，也不接纳同行的员工来投靠。董明珠认为，一个能决绝撇开原来企业而反投其竞争对手的人，缺乏起码的忠诚度和道义感，她是不会接收的。她欣赏的人是讲奉献的人。

为了选拔和培养更多对企业有用的人才，很多企业纷纷出台各种方法。格力的人才价值观对其他企业有很强的借鉴意义。每年都有很多应届大学毕业生和新的员工进入格力电器，从他们进入格力电器的这天起，他们就被格力当成了干部选拔和培养的对象。其实，对于一个可持续发展的企业来说，建立一个良好的培训机制是用人机制中必不可少的一部分。在麦当劳，有超过75%的餐厅经理、50%以上的中高级主管，以及三分之一以上的加盟经营者，都是由计时员工做起的。

在30多年时间里，格力已建立了一整套自己的"选、育、用、留"的人才培养体系，据介绍，格力95%以上的中层干部都是来自格力内部的人才培养体系。董明珠说，格力宁可自己从零开始培养人，也不要跳槽的人，董明珠对此非常坚决。格力电器正在把和谐的劳资关系当成核心竞争力。在用工成本越来越高昂的今天，格力每年为员工平均加薪10%，高于大多数家电行业。

除了为员工提供畅通的晋升渠道外，格力还通过职业生涯规划、内部培训以及各种物质的、精神的激励机制，努力为员工搭建事业发展的平台和广阔的发展空间。此外，格力还设立了科技进步奖、管理创新奖、合理化建议奖、季度奖、年终奖等多样化的奖金体系，通过多种方式激励各岗位员工不断创新、发挥所长、提高工作效率。

为了让优秀的一线员工和企业骨干能安居乐业，格力还投入巨资建立员工生活区，对已婚买不起房的员工安排过渡房。董明珠认为，一个真正

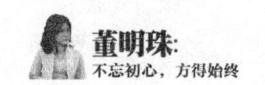

有社会责任感的企业，就要在生活上尽全力给予员工无微不至的关怀，让员工对企业产生强烈的归属感。

事实上，现在所有的企业都在喊"创新"，如果仅仅是技术创新，不能叫作创新型企业。真正的创新，需要培养自己的人才。一直以来，格力基本没聘用过"空降兵"，没有拿高薪去别的企业挖人才，而是录用刚毕业的大学生，把他们培养成才，董明珠认为这才是利在千秋的大事。

作为技术驱动型的企业，格力还非常重视"草根创新"，把员工视为企业发展的重要战略资源，格力给每一位员工提供了多种平台，以帮助其向"技术型工人"转变。例如，格力为每一位新员工指定一名导师，协助指导新员工了解工作相关事务，使新员工以最快的速度适应工作岗位。

在格力，有个叫曹祥云的湖南小伙子。2005年，他参加了中央电视台的节目《想挑战吗》，当时，他还是格力电器成品库的一名叉车工。曹祥云曾两次获得全国叉车冠军，并创下了3分钟内用叉车开30个啤酒瓶的吉尼斯世界纪录，被行内人誉为"叉车王中王"。曹祥云因技术过硬、爱岗敬业，曾获得"广东省五四青年奖章"和"珠海市十佳员工"等多个称号。

在格力，有这么一条制度，凡是在每年8至11月生产淡季的技术大比拼中获得前三名的打工者，都可以转为格力的正式员工。2008年12月，曹祥云正式转正，月收入达6000多元。其实，在格力，像曹祥云这样的草根创新型人才不胜枚举。

打造百年企业是格力的目标，而要实现这一目标就必须要有一支相应的百年人才队伍。为了能够把格力打造成百年企业，董明珠从走上格力的领导岗位的那天起就坚持人才价值观，不断革新用人制度。董明珠认为，作为一个好的领导应该给人才自我发挥和创造的空间，给他发展的机会，而且在这个过程当中要实行优胜劣汰。在格力，有很多优秀的年轻人才，所以，格力需要的是通过良好的机制去发现、挖掘这些人才，并给予他们成长的机会。

对于管理者的任用，董明珠一直是非常严格的。她认为，工作方式方法问题可以慢慢调教，如果是个人品质问题，决不姑息。她可以容许和原谅员工犯错误，但对于已经发生过的错误绝对不允许它发生第二次。经统计，格力的干部几乎都是从基层上来的，从来不是论资排队，不搞亲朋关系，而是能力有多少就坐什么位置。外界认为格力的营销非常成功，其实这证实了格力的人才培养很成功。在格力，只要用心和敬业，就一定能有一个很好的发展平台。

虽然格力的用人制度比较严谨，但还是难免会有不称职的人进入干部层，该如何应对？这时就要依赖公司的考核机制来解决了。格力有很多相关的制度可以用来考核、约束和帮助他们，同时也让他们自我表现。

的确，坚持人才价值观就要建立人才竞争机制，大力推行公开选拔、竞争上岗等方式，引入科学的定性定量的人才测评手段，把优秀人才选聘到合适的岗位上来，实现人尽其才，建立起公开、公平、公正的人才考评机制，考评结果与任用和收入挂钩，保证符合企业考核标准的人才在企业内合理使用，实现人才的优胜劣汰，做到人才使用和人才培养的统一。在董明珠看来，对有潜力的年轻人才，要大胆授权，让他们在重要的岗位上经风雨、增才干。

松下幸之助曾说过："松下电器公司是制造人才的地方，兼而制造电器产品。"在松下看来，人才的培养是企业的当务之急。也就是说，如果不培养人才，就不可能有成功的事业。是的，成功的事业需要造就团结一心的员工队伍，用心关怀员工才能得到员工的回报。就像董明珠说的那样，企业成长需要不断培养和发掘人才，挖不走的人才是真正的人才。

有待遇才有忠诚

2019 年 7 月，格力发布红头文件，实施全员免费使用工作电话方案。

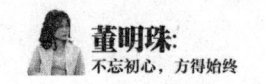

实施对象面向格力总部及子公司全体员工。具体细则是员工使用指定号码卡，除工作电话外还可用于生活电话，每人每月100元以内的费用由公司承担，超出部分由员工自行支付。粗略估算，此项福利成本约为1.065亿元。

同一时间发布的，还有一项更为吸引人的举措：就是关于员工的住房问题。对于刚毕业的大学生，格力将全部安排住宿，为此格力投资了6亿元建设康乐园一期、二期工程，供员工免费入住；对于新婚员工，可以申请"家庭过渡房"，在未有房产的情况下可以长期居住。

在此之前，格力还在2016年11月宣布自2016年12月起，为入职满三个月的员工（特殊议薪人员除外）在现有月工资基础上，每人每月增发1000元，这次加薪格力电器每年至少增加8.4亿元成本支出。

2018年2月，又一次按照人均每月1000元标准，根据绩效、岗位全员加薪。

2019年1月，又宣布自2019年元月起，根据不同岗位给予薪资调整，涉及技术类、管理类、技工类以及生产与辅导类岗位，总增加薪酬在10亿元人民币以内。

2021年6月20日，格力电器又公布史上最大规模的员工持股计划。

明眼人都能看出，凡此种种，都是为了留住员工，从而稳定人才队伍。对此，董明珠说得非常直白："公司管理层要把员工照顾好，员工才会思考如何把格力搞上去。"也就是说，董明珠早已看透了一个道理：要想让自己不在市场上处于劣势地位，就一定要懂得利用合理的利益来支撑员工的忠诚度。或者换句话说，企业提高员工的待遇，才可能换来员工对企业的忠诚。这一观点，有着非常现实的理论支撑：

第一，物质需要是人的第一需要，工作则是谋求物质的基本手段。当工作的付出与物质的所获不成正比，员工就会有寻找能获得更高物质报酬的想法，忠诚度就无从谈起了。

第二，企业支付给员工的报酬是员工安身立命的前提，如果待遇不能让员工产生安全感，他就不能将全部精力投入到本职工作当中，对企业也就谈不上忠诚度了。

第三，在一定范围内，待遇与工作积极性成正比。因此，提高待遇，可以提高员工的工作积极性。员工对工作有积极性，就能提高工作效率和工作质量，进而促进企业的发展，从而个人获取更高的待遇，形成一个正向反馈，员工对企业会更加认同，进而提高了对企业的忠诚度。

但是我们也要清醒地认识到，并不是优厚的待遇就一定能换来员工的忠诚。

研究认为，员工的忠诚度与以下几个方面有关：

一、待遇。这里所说的待遇不仅仅是指工资、薪酬，而是包含企业为员工所有物质和金钱方面的支出。比如工作餐补助、出差补助等直接的金钱发放，以及培训、团队建设、年会等员工看不到但需要成本支出的项目。研究表明，在一定水平范围内，待遇越高，员工离职的动力越小。

二、企业发展潜力。马斯洛需要层次理论指出，人的低层次需要满足以后，就不再是一种激励力量。员工基本的物质生活需要满足以后，他们就会更加注重自己发展性需要的满足。因此对企业的发展尤为看重，并渴望自己能与企业共同发展，实现双赢。因此，大部分人都能为了未来可预期的回报忍受当前超出合理范围的压力。企业的发展潜力能够被认识到，那么即使其他方面有所欠缺，员工也会甘心付出。

三、认同感和归属感。企业的经营理念、行为准则、企业文化能否取得员工的认同，让员工产生认同和归属感，也是影响员工忠诚度的一个重要因素。企业积极向上的理念和行为准则会形成强烈的使命感、持久的驱动力，成为员工自我激励的一把标尺。企业文化一旦被企业员工认可后，就能从各个方面把成员聚合起来，从而产生向心力和凝聚力，为公司更加努力、高效地工作，进而使员工认可企业，对企业产生归属感。对企业的

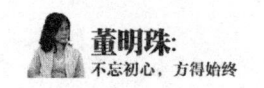

忠诚度也就会自然而然地提高。而如果员工对企业不认同，没有归属感，就会导致员工消极怠工，抱怨增多，最终人心涣散。

四、发展机会。绝大多数员工都渴望在现有的基础上得到更好的发展，提升自己的工作水平和技能，更好地实现自己的价值。如果企业的发展机会，比如培训、晋升等可能性很小，那么就会让员工失去工作的激情。若企业能提供有效培训和设计良好的晋升通道，会让员工始终感觉到自己在企业有发展空间，从而愿意长期留在企业，并积极为企业发展做贡献，就有效提高了忠诚度。

五、领导者的个人魅力。调查发现，95%以上的员工愿意在魅力型领导的带领下工作。

那么，怎样才能提高员工的忠诚度呢？

一、提高待遇。当前来说，我们绝大多数劳动者的待遇偏低，待遇对员工的激励作用还是很明显的。董明珠认识到这一点，并采取提薪、补贴等措施来应对，确实是解决当前员工忠诚度的一剂良药。

二、企业有清晰的发展路径。赚钱只是人需求的最低层次。一个企业，如果没有高层次的愿景和发展目标，只是定位于赚钱等低层次的目标，那么很难得到员工的认同并为之奋斗，同时也会使企业缺乏长久发展的支撑力量。

三、建设良好的企业文化。企业文化是一个企业最基本、最深层的引导力量。当企业文化得到了员工的认同，让员工产生认同和归属感，就能显著降低员工的离心力，增强忠诚度。

四、企业建立明确的员工晋升路径。明确、透明、操作性强的晋升路径会让员工充满希望。同时辅之以与晋升路径相匹配的个人工作目标，那么就不但能够提高员工的工作意愿，激发员工潜能，同时也会实现员工的满足感，这样员工才有动力面对困难，迎接挑战，实现与企业双赢。

五、加强情感管理。制度管理和情感管理在企业管理中都不可或缺。

制度管理是一种刚性约束，而情感管理更倾向于是一种软性引领。企业通过情感管理，能增强管理者与员工之间的情感联系和思想沟通。满足员工的心理需求，消除制度管理所带来的心理落差等心理感觉，促进形成和谐融洽的工作氛围。情感管理将企业目标与员工个人心理目标有机结合起来，在企业目标实现的同时，员工个人心理目标也得到实现。情感管理最能体现管理的亲和力，其核心是激发职工的积极性，消除职工的消极情绪。通过情感的双向交流和沟通实现有效的管理。前些年，格力为了规范员工行为，规定不得在工作时间吃东西。但是在一次距下班最多一分钟的时候，一个员工吃零食被碰到，但是董明珠依然罚了这个员工一百块钱，当时的一百块钱是一笔大数目，而且那个员工家庭生活困难。但是私下里董明珠又把这一百块钱还给了那个员工，但是也很明确地对那个员工说，这一百块钱是我个人给你的，与罚款无关。错了就是错了，希望同样的错误下次不要再犯。

第八章

"营"在世界，"营"在未来

国际化是企业发展的必经之路，格力奔向蓝海，走出去，是要做自己的品牌。董明珠表示，格力电器长远的目标并不仅仅是追求销量世界冠军，更在于把"格力"这一品牌打造为全球知名的品牌，从而让世界了解中国产品与文化，在世界经济舞台上占有一席之地。

国际化不是简单的产品输出

　　成功加入 WTO 以后，中国已经成为国际经济大棋局中的一员。为了应对世界经济全球化的潮流，在激烈的市场竞争中找到新的经济增长点，国内的众多企业选择了"走出去"的发展战略。董明珠领导的格力集团无疑是众多企业中的翘楚，而格力电器一直以来都扮演着中国家电出口领头羊的角色。

　　今天的格力电器已经在全球 100 多个国家和地区建立了销售和服务网络，并将"格力"牌产品成功打入全球多个国家和地区。从 2005 年至今，格力空调在家用空调领域的全球市场占有率已经 15 年蝉联世界第一，"格力空调，领跑世界"的时代已经来临！

　　格力在出口上的胜利，离不开董明珠的正确领导。董明珠一直有一套自己的理论。她强调，中国企业走向世界不仅仅是国际化扩张，将自己的产品输送出去，更多的是用自己的产品让全世界了解中国。她说："我们坚持走出去，不是说拿几十亿元到外面收购一个企业，或者是收购一个工厂就是国际化，真正的国际化是走出自己的品牌。"

　　传统的企业国际化观点认为，"企业出口是由间接出口到设立海外销售分部打造自主品牌的过程，企业国际化最初就是产品输出。"但格力在国际化的道路上并没有采用这一传统观点，精明睿智的董明珠看到了太多的产品输出企业因为缺乏品牌竞争力，所以在海外市场竞争中遭受到了众多品牌的打压和排挤，结果收获惨淡。董明珠充分发挥自己的大局观，坚信国际化并不是简单的产品输出，并放弃了靠盲目进行产品输出来占有市场份额的做法，而是对格力这一品牌进行宣传，全方位提升品牌的竞争力。

　　同其他企业在国际化的道路上一心输出产品、盲目求快不同，董明珠选择了求稳，稳扎稳打，一步一个脚印。董明珠认为，掌握核心竞争力是格力成长为世界名牌的重要原因。核心竞争力就是销售、技术、管理和服务。董明珠相信，企业一定要提高产品质量，做好产品技术研发，保证销售队伍高效执行、服务真诚，这样企业的竞争力自然而然地就上去了，企业的品牌自然就出来了。

经过研究，董明珠给格力制定了一个正确的发展战略，并坚持稳扎稳打，从而一步步接近"世界名牌"这个目标。从2001年开始，格力集团开始狠抓国际市场开拓，实现了快速发展，为国际化打下了坚实的基础。

2001年至2005年，格力集团在保持原有竞争力的基础上又提出了"争创世界第一"的发展目标，在管理上不断创新，引入国际上先进的六西格玛管理方法。在企业内部，公司采用先进的绩效管理模式，而在国际市场上则加大拓展业务，积极转型。

2006年，格力提出了"打造精品企业、制造精品产品、创立精品品牌"的战略，努力实践"弘扬工业精神，追求完美质量，提供专业服务，创造舒适环境"的崇高使命，朝着"缔造全球领先的空调企业，成就格力百年的世界品牌"的愿景奋进。

格力在取得一系列的成就后并没有自满，而是在"争创世界第一"的道路上继续奋进，追求持续健康发展。2012年，格力空调凭借世界领先的"1赫兹"技术，在变频领域占据了绝对的优势地位，并得到了市场的信任。当年10月的产业在线数据显示，格力电器变频空调出货量同比翻番，市场占有率升至46.79%，空调"一哥"的地位愈发稳固。

2014年，格力在巴基斯坦率先推广变频空调，2015年市场份额超30%，实现了从最初默默无闻的"外国"品牌到当地同类产品"销量第一品牌"的华丽转身。

2016年，格力以100%自主品牌进入里约奥运会，产品覆盖比赛场

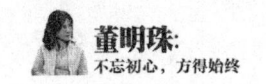

馆、奥运村、媒体村、配套酒店和机场等场所所有项目。

2020年3月，投资150亿元的格力电器高栏产业园在珠海动工，这是格力全球化战略布局的重要一环。

在全球化竞技舞台上，一个国家要想拥有一席之地，就必须构建自己的核心竞争力；同样，在优胜劣汰的市场上，一个公司要想在经济大潮中站稳脚跟，也必须有自己的核心竞争力，否则只能走向死亡。

美国经济学家普拉哈拉德说过，核心竞争力是在某一组织内部经过整合的知识和技能，是公司在经营过程中形成的不易被竞争对手效仿的、能带来超额利润的独特能力。换言之，企业要想有核心竞争力，就要在发展中形成自己特有的东西，从而赢得市场认可，并在激烈的竞争中立于不败之地。

今天，核心竞争力已经成为企业发展成败的关键因素，更是经营者能否控制未来、掌握市场竞争主动权的根本。具体来说，它是企业长期形成的，支撑企业过去、现在和未来的竞争优势，并使企业长期在竞争环境中能取得主动权的核心能力。不同的企业，在不同的行业、不同发展阶段，会有不同的核心竞争力；但是，能够在市场中生存和发展起来，遇到市场变化能够应对，这是对公司核心竞争力的重要评价标准。对小公司来说，要想在激烈的市场竞争中存活下来，尤其需要独到的看家本领，否则根本没法多生存一天，更不要奢望做强做大了。没有市场竞争力，企业只能走向衰败。

格力成长的经历告诉我们，只有冲在竞争最前列，才能具备强大的竞争力，才有制胜的可能。要做就做到最好，经营者必须有这种雄心，从而占领市场制高点，笑到最后。为此，企业必须拥有独到的见解或独特的技术，在市场上表现出独一无二的竞争优势，才能技高一筹，掌握更多话语权和市场占有率。就好比格力掌握了世界领先的"1赫兹"技术，在变频领域占据了绝对的优势地位，从而无人能望其项背。

经营企业是一项长期的视野,迈向国际化则需要非凡的竞争优势。为此,经营者必须具备长远的眼光,沉得住气,能够带领团队静下心来专注于核心技术研发,不因为竞争中碰到的小挫折而失去信心,也不因为一点小成就而自满。没有这种踏实经营的理念,以及彻底执行的作风,建立核心竞争力就是一种奢望。

多年来,董明珠凭借长远的战略眼光,以及高效的执行能力,带领格力集团实现了稳健成长,在做强的基础上实现了做大,使格力在消费者心目中成为好空调的代名词。在品牌塑造的背后,我们更应该看到她在打造格力核心竞争力上的努力,并学习她把伟大战略构想变成实践的那份耐心与敬业精神。这才是格力国际化道路上真正值得借鉴的地方。

打造中国人自己的世界名牌

一个企业的品牌是产品或核心价值的体现,它能够给企业带来良好的辨识度,在很大程度上代表了企业的产品质量、服务和信誉。因此,树品牌、创名牌成为企业在市场竞争中制胜的关键,也是经营者孜孜以求的管理目标。实际上,在品牌的背后,围拢的是市场拓展、市场效应等内容,因此打响品牌保卫战是管理者的基本功课。

"好空调,格力造"是家喻户晓的一句广告语,从1991年格力品牌成立到今天,格力已经成为优质空调品牌的代名词。提到"格力",人们首先想到的是格力空调过硬的质量,先进的技术,以及良好的售后服务。凭借强大的知名度和美誉度,格力在朝着世界名牌的征途上迈进了一大步,并赢得了千万用户的信赖,市场占有率也大幅度提升。

众所周知,董明珠是做营销出身。在最初当业务员跑销售时,格力这一品牌刚刚起步,当时很多商场的业务经理得知董明珠是格力空调代表后,就没有了进货的兴趣。他们常说的一句话是:"我们只选春兰、华宝

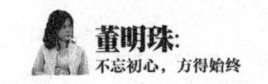

这些知名品牌的空调，你们的空调根本卖不出去。"这些刺耳的话牢牢印在董明珠的心里，也成为她日后立志打造格力品牌的原动力。

多年以后，董明珠执掌格力后，更是切实感受到它与世界知名品牌之间存在的巨额价格差，因此决心让格力成为"低端出口依赖"的终结者。"为什么我们在技术突破上不落下风的时候，国际高端市场仍难以打开呢？就是因为我们的资源和品牌限制。要想在国际主流市场占据主导地位，中国民族企业必须要打响'世界名牌'，以谋求长远发展。"这种痛定思痛的顿悟让董明珠深刻认识到品牌力对于格力的重要性，也坚定了她将格力打造成世界名牌的决心。

格力走上国际化道路后，董明珠多次谈到品牌经营的重要意义，她说："对于国际化，很多企业都有自己的看法和想法，作为格力电器来说，我们认为一个产品、一个产业真正能够国际化，支撑它的是一个国际化的品牌。"在国际化的道路上，董明珠并没有像国内的其他经营者一样盲目地进行海外收购，为占有市场份额不惜赔本降价销售，显然她有另一番考量。在董明珠看来，如果一个企业在中国市场上都没有被消费者认可，那么就不要奢谈国际化品牌了。因为，中国本身就是国际化市场的一部分。与其为宣传企业品牌大费周章，不如着力打造企业核心竞争力，在赢得国内市场之后再向国际化品牌之路进军。

多年的营销经历让她明白，营销策略用得好，品牌产品就能卖得好，市场份额自然就变大了，品牌的影响力就发挥出来了。一个好的营销策略对格力品牌意味着什么，没有谁比董明珠更清楚这一点。

自2000年以来，一批大型家电连锁企业开始在全国各大城市攻城略地，疯狂圈地，在整个家电市场中占有的份额大幅度提高，其地位也直线上升。看到国美和苏宁等专业大卖场的强势，很多家电企业在"术业有专攻"的精神指导下专注于制造，大幅削减自己的渠道投入和经销商队伍，甩掉巨大的营销成本，而把销售几乎毫无保留地交给了这些卖场巨无霸。

第八章
"营"在世界，"营"在未来

但是种下了希望，收获的却是失望。

董明珠深知这种营销模式对打造格力品牌并没有益处，转而谋划其他营销模式。经过一番思考，她果断地放弃了同国美、苏宁等家电连锁企业的合作，开始构建格力自己的营销渠道。格力选择了以连锁方式扩张自开门店，通过以区域经销商为主体的"代理制"建设销售网络。格力营销网络的改变，不但没有使格力的销量下降，反而极大地提升了其市场占有率。实行专卖店模式以后，格力的产销量实现了每年20%以上的增长，一举成功打造出以自己的品牌为旗帜的销售渠道。由此，格力空调深入人心，走进了千家万户。

研究发现，格力在品牌上的成功一方面依赖于独具竞争力的营销模式，但另一方面也离不开格力过硬的技术。不可否认，格力的营销模式是富有竞争力的，其营销策略的运用更是炉火纯青，而格力电器的先进技术则是品牌战略成功的另一个翅膀。不难想象，没有强大技术支撑，格力的产品营销也无从谈起；反过来说，没有营销的成功，科研生产也就失去了资金支持。

多年来，格力一直践行着用核心技术打造国际品牌的战略，一直坚持着技术研发上的大投入。2020年，格力研发投入超过60亿元，研发投入已接近甚至超越国际同行水平。对技术研发的重视，也使得格力真正成为掌握核心科技的品牌。市场对空调的性能提出了新的要求，格力就在制冷、降噪、节能、智能、环保等方面不断创新，研发出了智能化霜模式、室内降噪环、一氧化碳检测系统、GEA全能智控等一系列领跑全行业的创新成果。而大量的技术投入也为格力带来了丰厚的回报，在空调产销量上连续15年占据全球第一的位置。正是由于在技术研发上抢占了制高点，全球制冷产业开始倾听中国的声音。

无疑，董明珠打造格力世界名牌的经典案例给国内其他企业提供了绝佳的借鉴。当前，国内很多企业在打造品牌时都进入了一个误区，认为产品只要卖得越多，品牌的影响力就会越大，于是大家纷纷采取降价销售的策略，甚至忽略了企业的利润。这种以成本价销售产品的做法，不仅极大地压缩了自身的利润空间，也破坏了市场秩序，影响了市场产品价格的稳定，对企业打造世界名牌有百害而无一利。显然，一味地降价销售，"赔本赚吆喝"，是一种饮鸩止渴的行为。对此，董明珠认为，一个企业如果需要降价来抢占市场，说明他的产品是没有竞争力的，这样的品牌无论如何也不可能做大做强。企业应该从自身的实际出发，制定一个符合自身规范的竞争策略，从产品的核心技术抓起，一步步培养市场竞争力，不断提升品牌价值。如此一来，品牌才能不断地做大做强，并逐渐发展成为世界名牌。

格力品牌的辉煌，是董明珠通过多年的努力一步步地打造出来的，这位当家人以实际行动告诉我们：格力品牌的成功，并不是世界众多品牌中的偶然，它的成功来自实力，而非运气。

先有市场，后有工厂

作为一个领导者，董明珠展示出非凡的智慧。她用睿智的头脑带领格力不断开拓市场，在国际化的大棋局上沉稳布局，一招一式都显得有板有眼。今天格力的自主品牌已经进入160多个国家和地区，全球用户超过4亿。那么，格力是如何成为世界工厂的呢？

企业要想真正实现国际化，在国外建设工厂是不可避免的一步棋。道理很简单，在国外建厂能够减少企业的物流成本，提高运输效率，最终增强企业的竞争力和影响力。按照国内企业以往在国外建厂的经验，为了节约成本大多会选择劳动力相对廉价、资源丰富的地方，但是敢于创新的董明珠却并没有被这一经验所限制，而是走出了不一样的成功之路。

董明珠并没有去找劳动力成本低的地方建厂，而是提出了"先有市场后有工厂"的开拓策略。她慎重地考察了当地市场的情况,根据市场的需求对工厂进行选址。

所谓"先有市场后有工厂",即在进入模式上,由资源投入较低逐渐向资源投入较高的方式过渡,往往从无规则出口到出口代理,再到海外建立销售子公司,最后在海外设立生产子公司。只是在对目标国家市场进行筛选的时候,更侧重以需求为导向,以低风险为基础,充分利用其比较优势来综合考虑。谈到格力建厂的标准,董明珠说:"很多人希望找劳动力成本低一些的地方去建厂,但是我觉得我是走品质路线、技术路线的,不一定要在劳动力低的地方建厂,当然也不是说不建,我不是以这个作为唯一的条件,而是以市场需求作为条件。"

由此不难看出,董明珠坚持以市场为导向在海外建厂,主张先把海外市场培育出来,然后在市场广阔的地方投资建厂。通过步步为营的策略,不断提升品牌的市场占有率。有了董明珠定下的建厂策略,格力的员工充分发挥聪明才智,稳扎稳打地开拓海外市场,一次又一次地取得了不俗的业绩。

格力在走上国际化道路之初,国际市场还是洋品牌的天下,中国空调企业品牌知名度甚低,在国际市场上根本无人问津,要想在短时间内取得突破,贴牌生产是"走出去"的一条捷径。格力充分利用制造成本低的竞争优势,获得松下、惠尔普、西门子等多家跨国公司的代工订单,出口量迅速飙升,格力通过熟悉加工的过程,积累了经验,成功地打入了国际主流市场。

另一方面,格力深知,只有提高空调的质量,才能获得市场的信任,增强市场的竞争力。所以格力狠抓质量关,成立了业内独一无二的零部件检验分厂——筛选分厂,目的是从源头上控制不合格零部件流入生产过程。此外,格力还积极研发高新技术,将自主创新的战略进行到底。比如,公司花巨资兴建世界空调业最大最先进的研发中心,这些都是打造质

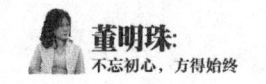

量过硬自主品牌的努力。

巴西工厂是格力最著名的一个海外工厂，建厂的过程也是格力在世界各地投资经营的一个缩影。1998年，格力开始进入巴西市场，并选择先培育市场的策略，提高格力产品在当地市场的占有率。很快，格力凭着产品质量优异和品种规格齐全的优势，受到巴西消费者的欢迎。接着，公司开始进行投资建厂，直到在巴西市场站稳脚跟。

进入目标国家市场后，格力采取的是直接出口的扩张模式，即：格力在海外建立生产子公司，但是并没有建立自己独立的分销渠道，而是与当地的大型超市和高档电器公司等进行强强联合，这就是"借船出海"的模式。之所以这么做，也是考虑到自建渠道资金投入大，且相应的沉淀成本和风险较高。

随着格力品牌的不断成熟，董明珠开始酝酿在巴西筹建生产基地。1999年年底，格力派遣4名年轻的中国人第一次来到位于巴西西北部亚马逊河腹地的玛瑙斯市，负责格力电器巴西生产基地的筹建工作。在考察市场的过程中，工作人员遇到了一系列困难，但大家坚持下来，最后顺利打开了局面。当时参加筹建工作的一位员工回想起在巴西的日子，充满了无限感慨："语言上有隔阂，饮食不习惯，枪支管理很松懈，湿热的热带雨林气候，不同的思维方式，幽幽的乡愁，还有那该死的蚊子……但我们坚持下来了。"

格力人的努力并没有白费，2001年6月，投资2000万美元、年产空调达20万台的格力电器（巴西）有限公司正式投产。经过一番苦心经营，到了2004年，巴西生产基地盈利2500万元。目前，格力的空调品牌已成为巴西当地占有率排名第二的品牌。巴西建厂的成功，并没有让格力人骄傲自满，而是获得了继续进取的动力。他们仍然坚持着"先有市场后有工厂"的原则，稳扎稳打，一座座格力的厂房在海外建了起来。

印度、土耳其等许多国家看到了格力在巴西建厂的成功，都要求格力去当地投资设厂,但是格力并没有去。事后,董明珠回忆说:"我跟他们说,这样做有风险,而且是我无法控制住的风险。所以我们宁愿从珠海生产,出口到那里去卖,直至我们觉得这个市场需要时才去设厂。必须先有市场,市场达到一定的份额,并有一定的实力时,我们才考虑在那里建厂。"即使这样谨慎,格力也还是遭遇了"滑铁卢":2008年格力在越南建厂,三年后就因为投资环境的等风险因素黯然退出。

在"先有市场后有工厂"的模式之下,格力后来又在巴基斯坦设立了生产基地,扩大了在当地市场的影响力,最终实现了"走出去"的梦想。

今天,格力在董明珠的领导下越做越大,在世界空调品牌中的地位越来越重要。格力电器在技术、营销、服务和管理等创新领域也开辟出一条条成功之路,让人看到了格力人肩负历史使命和社会责任的动人身影。

格力在培育市场方面给业界提供了很多好的方法。在做市场时,首先要明确针对哪一个市场,而后找到适合自己发展的细分市场。接着,产品最初销往某个地方的时候,可以先和当地有影响力的平台合作,借助平台的销售渠道销售产品。比如,和当地的大卖场合作,借用对方的渠道完成销售。这样做一方面可以解决初到当地没有影响力的困难,慢慢地培育市场;另一方面,可以降低企业的成本,节约企业的资金,使企业能够有更多的资金投入生产。等到市场成熟了,企业自然就可以在当地进行投资建厂了。

总之,"先有市场后有工厂"的模式无疑是一种创新。尤其对走出海外的中国企业来说,采取这样一种积极稳妥的方式打开市场,既能降低成本,又能将风险安排在可控范围内。当然,在管控模式的背后,我们也要看到产品技术、营销手段等因素,没有它们的支撑,以及决策者的运筹帷幄,也无法取得进军海外市场的巨大成功。

董明珠：
不忘初心，方得始终

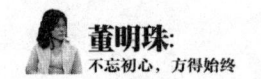

自主创新，赢得未来

加入世贸组织后，中国的消费市场正在慢慢形成，消费者呈现出多样性的特征，对产品的要求也越来越高。面对越来越高的市场成本，以及越来越激烈的竞争，企业必须主动创造高附加值的产品和服务，提升自身管理水平，才能应对挑战。显然，技术与管理创新并重，才会打破竞争对手的垄断，赢得市场。

面对国际化大棋局，海尔集团总裁张瑞敏曾说过："公司不断高速发展，风险非常大，好比高速公路上的汽车，稍微遇到一点障碍就会翻车。要不翻车，唯一的选择就是不断创新，不断打破现有平衡，再建一个新的平衡。创新贵在速度，否则'水过三秋，化为无效'。"这一番话表明，企业在国际化局势下求生存，绝对不能墨守成规，唯有敢于创新，敢于打破传统，才能大踏步前进，让企业发展达到新的高度。

无独有偶，董明珠作为家电行业的圈内人也持有相近的观点，她所领导的格力更是以"掌握核心科技"这一口号而闻名世界。多年来，"自主创新"成为董明珠的经营理念。但是，怎么去落实，却见仁见智。

"打造核心竞争力"，"打造自主品牌，自主创新"，已经成了众多出口家电企业共同的呼声。但是面对复杂的国际化进程，众多企业在遭受了技术、人才、管理上的挫折后选择了妥协，将这些口号抛在了脑后，再次将国际化变成了简单的产品输出。而董明珠选择对妥协说"不"。

格力电器曾经到日本一家企业购买技术，但遭到了拒绝，"他们说这种技术是目前世界上最先进的技术，是不可能卖的"。面对技术上的短板，董明珠并没有气馁，而是选择奋起直追，成立了格力自己的研究院。对于自己的研究团队，董明珠称赞道："就是这样一个团队，这样一个研发队伍，使我们企业突飞猛进。"凭借技术上的优势，格力建成了行业内独一无二的技术研发体系。统计数据表明，截止到2020年末，格力电器在国内外累计拥有专利近8万项，其中发明专利超4万项（2020年年报数据）是中国空调行业中拥有专利技术最多的企业，也是唯一不受制于外国技术的企业。

强大的技术支持，就是独一无二的竞争力，由此格力集团在国际化的道路上占据了主动，走出了同国内其他家电企业不一样的国际化道路。经过一段时间，人们发现，格力已经在国际化的道路上越走越远，众多同行被抛在了身后。

我国很多出口企业，在国际化的路上曾经吃过技术的亏。最明显的例子是核心技术被国外企业掌控，因此在市场竞争中受制于人，缺乏应有的竞争力。格力在国际化道路上的成功给国内其他企业提供了很好的借鉴：产品输出只是国际化道路上最简单的方法，企业要想成功在海外市场站稳脚跟，必须进行自主研发，靠自主创新打天下。正所谓，技术就是命脉，只有掌握了核心科技才能赢得话语权，在国际舞台上发出自己的声音。

在中央电视台的《对话》栏目中，董明珠说过这样一段话："要成为一个世界名牌，并不是一个广告就能够决定，而更多是你的技术领先。我们现在的专利都是我们自己研发的，从家用到商用空调现在用的全部都是自己的技术，特别是离心机的核心技术，是我们自己研发出来的。我们第一台8万平方米的离心机，已经安装在黄山的一个五星级大酒店，我觉得这就是一个成功的标志。格力没有做不到的，但是我们并不因为做到了而满足了，而是我们要更多提高自己，更多更苛刻的要求，希望格力在这个环境下能够领先于世界。"

在这里，我们可以看到一个从容不迫，又时时刻刻严格要求自己的领导人，带领着中国空调制造业一路前行。事实上，空调产品是从美日舶来，一度在中国市场演绎了繁荣的剧目。几十年的"拿来主义"并没有错，问题在于中国空调制造业未曾打破日本、美国的技术垄断，更没能将核心技术掌握在自己的手里。直到董明珠带领格力杀到全球化舞台上,我们才看到这位铁娘子的魄力与勇气,更被格力自主创新的能力所震撼。

放眼当今中国空调制造行业,除了格力电器,又有谁能担此大任呢?没错,是格力电器相继打破了空调压缩机、多联中央空调等核心技术的国际垄断,逼迫国际竞争对手在中国的商用空调市场上丢失一个又一个阵地。当海外企业凭借技术垄断带来的价格垄断优势丧失殆尽时,我们看到了董明珠与格力的身影,那是中国民族品牌的骄傲。

显然,格力值得我们尊敬,更值得中国企业去了解、学习。今天的格力电器已经完成了技术创新、文化定型、制造力量集聚、人才培养和营销模式完善等各个环节的储备,并在全球范围内让"中国创造"的魅力迸发出来。这一切荣耀的背后,是格力电器追求世界级制造的努力,也是中国品牌国家化的一次伟大尝试。而背后的决策者董明珠,无疑是这一幕大戏的总导演。

今天,格力已经成为技术垄断的终结者,成功地让"中国制造"变成了"中国创造",为国人争得了应有的尊敬。其实,格力在创新上的成功并非偶然,其一系列措施更是为中国企业提供了很好的借鉴,给我国的出口企业提供了很多经验。企业经营绝对是身心与智力的考验,尤其是我国的出口企业很容易在激烈的国际竞争中面临僵局,这种时候最折磨人,也最考验人。为此,只有坚持创新才能开拓新局面,赢得未来。

那么,什么是创新呢?如何进行创新?有一句老话,叫"一个和尚挑水吃,两个和尚抬水吃,三个和尚没水吃"。如今,这三个观点过时了。有三个庙,离河边都比较远,怎么解决吃水问题呢?著名经济学家厉以宁用创新的观点,对此进行了生动地解读。

1. 推动机制创新

第一个庙,和尚挑水会走很长的路,一天挑一缸水会很累。于是,三个和尚商量进行接力赛,也就是每人挑一段路。第一个和尚从河边挑到半路,停下来休息;第二个和尚继续挑,又转给第三个和尚,挑到缸边,空桶再传回来。就这样,大家轮番干,水很快就挑满了。这种协作的办法,被称为"机制创新",体现了公平合作的原则。

2. 做好管理创新

在第二个庙里,老和尚把三个徒弟都叫来,说从现在开始订立新庙规,大家要相互竞争,谁挑得水多,晚上吃饭的时候加一道菜;谁挑得水少,就吃白饭,没有菜。结果,三个和尚拼命挑水,一会儿就把水缸灌满了。从老和尚的立场来看,这个办法叫"管理创新"。

3. 坚持技术创新

第三个庙,三个小和尚商量,整天挑水太累了,必须想一个办法,不费吹灰之力就能解决用水的问题。最后,他们把山上的竹子砍下来,并接在一起,然后买了一个辘轳。按照协定,第一个和尚把一桶水摇上去,第二个和尚负责倒水,第三个和尚在地上休息。三个人轮流换班,很快就把水缸灌满了。这种方法,被称为"技术创新"。

起初,三个和尚没水喝,最后他们通过不同的办法解决了吃水问题,最根本的一点是不局限于固有的思维,在团结协作中坚持创新,从而收到了圆满的效果。当然,企业创新是一个复杂的课题,相关的细节超出了常人的想象。企业经营者要根据行业的特点、自身发展的实际,以及财力、物力、人力等因素,制定契合发展实际的创新策略,在市场竞争的舞台上赢得一席之地。

事实上,企业发展的过程就是一个以创新打破旧传统的过程,经营者必须像格力电器那样不断创新,才能开拓新局面,打造企业更美好的明天!

寻找新蓝海,进军中央空调

在白热化的国际市场竞争中,没有一家企业能够集聚所有的经济要素，从而获取竞争优势。但是，为什么有的企业能够找到新的成长空间，实现持续发展并一路领先呢？而另外一些企业却陷入困境而发展迟滞？

企业日常经营中，如果决策者能够在某一个方面找到新的增长点，并且顺利使其产生经济效益，那么就能在市场竞争中获取优势地位，甚至赶超先进者。通常，这种独特的经济要素，就是企业领导一直在寻求的"新蓝海"。

通常，企业在初创阶段，可以凭借创业者出色的领导才能、卓越的眼光，迅速获得发展良机，从而一步步发展壮大。但是，过了最初的高速发展阶段，企业就会面临管理机制落后、经济增长乏力等情况，如果不能及时找到新的蓝海，往往会因为发展后劲不足而陷入困境，乃至破产。因此，顺利完成二次、三次创业，是经营者的重要功课。

在赢得广大消费者青睐以后，格力也在为自身的二次创业谋求出路，希望能在家用空调之外的领域找到新的经济增长点。对此，掌舵人董明珠再次发挥了她前瞻性的眼光，将目标放在了中央空调上，希望通过深耕这一领域让格力跃上新台阶。

与家用空调直接面对消费者不同，中央空调在销售上更多的是跟随工程项目来运行，有项目工期长、专业性要求高、单个项目的金额较大等特点。这一切，都需要专业的公司或团队来操作。当时，国内的中央空调市场主要有两种销售模式：一种是工厂直营的模式；另一种是代理经销制。事实上，这两种模式在中国市场已经实行了多年，非常适合当时的市场大环境。

然而，格力进军中央空调领域之初，不找专业的经销商和工程商，而是利用原来家用空调销售公司的渠道和网络来操作中央空调项目。这在专业的中央空调企业和经销商看来，格力这种"离经叛道"的做法的确有些太过自信了。一时间，"格力中央空调凭借销售公司模式一定没有出路"的观点在行业内盛传。

接下来的几年中，格力中央空调一直波澜不惊，尽管每年都有不错的增长，但是却始终无法成为中央空调行业内的主要力量。尤其是与其在家用空调领域内的地位相比，格力中央空调显得增长乏力。难道董明珠走错了路？事实并非如此。实际上，格力中央空调根据自身的特点和优势将销售的重点产品放在了多联机、单元机等产品上，销售的方式也是利用格力遍布全国的专卖店渠道，坚持以中小工程和零售为主。在声势上，虽然没有特别醒目的大的样板工程，但以全国近万家格力专卖店积累起来的众多中小工程和零售量却异常惊人。而这一部分销售量是业内人士无法统计，关注不到的。于是有人惊呼，格力中央空调销售遭遇寒冬！

在大环境上，随着中国经济高速发展，房地产行业也进入兴盛期。在这一背景下，对房地产行业依赖程度较高的中央空调行业自然面对着前所未有的发展良机，由此格力中央空调进入了爆发式增长期，不仅在销量上处于领军者地位，在技术上也处于世界领先水平，让竞争对手望洋兴叹。

当然，格力中央空调也经历了技术上的成长过程，走过了一段艰辛的岁月。2002年，格力仅用2年时间就自主研发了GMV数码多联中央空调系列，以及超级变频多联式空调系列，一举填补了国内技术空白。从此，格力中央空调拥有了自己的核心技术，并吹响了向高端市场迈进的号角。到了2005年，格力研制出离心式大型中央空调、世界上第一台热回收式多联机组，以及世界第一台数码多联低温热泵机组，在技术上达到国际领先水平，获得同行的尊敬。2013年格力又推出光伏空调，到2020年底，这一新型空调已遍布全球25个国家和地区，服务于国内外数千项重大工程。

经过多年发展，格力中央空调在销量和技术上都处于世界前列，真正地成为格力电器新的增长点。由此，格力顺利完成了二次创业，巩固了在世界空调市场的霸主地位。

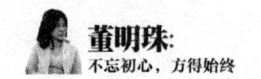

企业从无到有，要经历从成长到成熟的过程，中间也会经历增长缓慢、遭遇危机等各种情况。完成了早期的初次创业，企业会在做强的基础上发展壮大，不可避免地遭遇大公司病，甚至要面对销售额增速放缓，利润率暴跌等尴尬。这时候，经营者就要主动带领企业进行二次创业。

创业阶段，靠的是创始人的眼光、胆识和魄力。但是，当企业发展到一定规模，这种管理模式就会面临前所未有的挑战，于是就有了改变现有管理模式、打破发展僵局、寻找新的经济增长点等需求。顺利实现二次创业，必须像董明珠领导的格力电器一样，主动完成三个转变，适应新的发展与竞争局面：

1. 实现由个人奋斗到集体努力的转变

在最初的创业阶段，企业发展离不开创始人的带头作用。通常，创始人的经营智慧、人格魅力会形成强大的向心力，聚拢起一批志同道合的创业元老，大家团结一致往前闯，才有了早期的累累硕果。但是，经过了早期的艰苦奋斗阶段，企业在二次创业中必须借助集体的智慧，从改革制度、创新技术、引入管理体系入手，集中提升效率，从而实现绩效的增长。从个人奋斗到集体努力的转变，体现的是经营主体的转移。

2. 实现从业务增长拉动向管理效益驱动转变

在创业初期，企业往往聚焦盈利，求得生存就是最大的管理主体。为此，领导层会把业务的增长放在首位。随着经营规模越来越大，企业就不能只瞄准账面上的财富数字了，必须抓管理，强化制度建设，从而快速扩张实现业绩与利润的同步增长。从业务增长拉动向管理效益驱动转变，是企业做大的需要。

3. 实现从生意人向企业家转变

早期创业阶段，领导者往往扮演了生意人的角色，亲自拉业务、筹集资金都是再正常不过了。这一阶段，领导者要主动向企业管理者转型，努力提升经营水平,早日完成战略布局。如此一来,才能实现效益的增长,践行企业公民的责任,实现做精做久的发展目标。"小胜靠智,大胜靠德",是生意人与企业家最鲜明的区别。领导者完成这种转变,就会在经营智慧与境界上更上一层楼。

董明珠带领格力电器顺利实现了二次创业,在中央空调领域做得风生水起。从中不难看出,董明珠在决策管理、角色转变等方面有着超越普通领导者的那份自觉。正是这种努力,让格力电器有幸一路走来,成为中国家电制造业的一个标杆。

让全世界都信赖格力

进入21世纪后,经济全球化的趋势越来越明显。一时间,国内众多企业都想在国际化浪潮中把握住经济发展的大趋势,占得先机,赢得更大利润。于是我们看到,众多企业都纷纷追赶国际化的潮流,着急往国外跑,去融资,去考察市场,渴望在国际化的"淘金"热中分得一杯羹。

然而,经营企业不能一窝蜂,更不能凑热闹。须知,领导者每天动用的是真金白银,还有人力、物力等资源,如果失去了科学决策、理性管控的基础,那么就容易将企业带进万劫不复的境地。因此,在国际化的潮流中不能浮躁,只有踏踏实实走好每一步才能迈出稳固的步伐,从而发展壮大。

格力电器应该如何应对全球化趋势,怎样才能占领国际市场?董明珠在这件事上想得比谁都深刻。不过,虽然眼睛朝外,格力却把力量用在了国内市场上。董明珠的想法是,先打赢本土市场,在国内市场中占有一定的份额,再做国际化,才有取胜的希望。因此,格力并没有急切地进行国际化扩张,也没有着急去国外投资,而是集中精力攻克国内市场。后来的事实证明，这一战略是非常高明的。因为，把国内市场视为国际市场的一部分，本身就是全球化思维的结果；对企业来说，在国内市场站稳脚跟，才有力量进行海外投资。

在推行本土化的战略时，董明珠瞄准质量，以此提升品牌的公信力。格力要想被大众信赖，成功地打造成国内空调市场的"一哥"，在质量上必须过关。董明珠多次强调，过硬的产品是保证产品销量的关键，经久畅销的名牌产品一定是优质产品。产品是企业赖以立足市场的最根本的因素，格力要想在国内市场上处于强势地位，领先同类竞争品牌，最基本的是品质过硬，能够超越同行。

随后，格力推行了一套先进的管理方法，这使得企业资源得到了更加合理的配置和充分的利用，生产管理水平也不断提高。在格力的生产线上，你会看到条形码自动化管理，由此实现了生产、测试两不耽误。具体来说，电脑对测试产品进行自动定位和识别，计算机根据条形码自动设定控制参数和合格判定参数，测试数据自动记录，对不合格项进行实时报告并打印出不合格标签。这一系列先进的流程管理举措不仅大大提高了功效，而且有效消除了人工主观判断失误的风险，最大程度上提升了产品品质。凭借出色的产品质量，格力顺利打开局面，在国内空调市场站稳了脚跟。

如前所述，格力还放弃了同国美、苏宁等家电连锁企业的合作，选择了以连锁方式扩大经营自开门店，通过以区域经销商为主体的"代理制"的销售网络进行扩张，形成了可观的新时代的终端网络。这样一来，格力真正走进了寻常百姓家，被广大消费者熟知，知名度自然就有了。

一旦在国内市场打开局面，董明珠就开始了国际化战略。这时候，她仍旧表现出应有的谨慎，没有盲目地出口产品。她知道，在国际化扩张中，要建立有自己文化特色的品牌，才能在营销中建立竞争优势。为此，董明珠大力地推动格力的技术研发，将大量的资金都投入到技术创新，建成了行业内独一无二的技术研发体系。借助先进的技术研发，格力空调很快呈现出卓越的品质，以及与众不同的文化特色。

此外，董明珠还重视对格力进行海外营销，提升它在大众心目中的地位。比如，在南非世界杯上，相比中国足球队被称为世界杯"看客"，另一支"中国队"却坐上了南非世界杯的盛宴，他就是代表"中国家电队"进军世界杯的格力电器。事实上，此前南非世界杯的多个重要项目都采用了格力产品。

时间到了2008年，格力开始和世界空调巨头争夺世界杯中央空调采购项目，其激烈程度不亚于足球比赛胜负之拼。在与日本大金、美国开利等国际制冷巨头的角逐中，格力以其领先的技术及优秀的品质脱颖而出，最终中标了举世瞩目的世界杯开闭幕式和决赛主体育馆工程等项目，同时还为多个配套工程提供了空调设备。

格力中标南非世界杯场馆，成功表明格力产品和服务品质进入了世界顶级行列，得到了世界各国的认同，赢得了世界人民的信赖。格力的成功给国内的众多企业提供了很多经验，而最根本的一点是，企业在国际化的道路上要讲究策略和技巧，从而有的放矢，摘取胜利的果实。

从国内市场到国际化舞台，是每一家企业都要面对的重大课题。而国际化道路因其复杂性、长久性，成为经营者需要审慎对待的一门课程。董明珠带领格力在国际化道路上狂奔，为经营者提供了许多有益的借鉴：

1.国际化并非走出国门，有时国际化市场就在中国国内。其实，中国在加入世界贸易组织后，经过多年发展，本身现在已经变成一个国际化的市场。中国市场在国际上占有很大的比重，在一些行业和领域有很强的竞争力，全世界很多的大公司都到这里来建厂、竞争。所以，国内的企业在迈出国门走向世界的时候，不要忘了国内市场的先天优势。

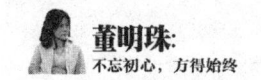

2. 向海外拓展，走国际化的道路，应该先从文化背景相似的一些国家开始，避免企业在国外遭受不必要的损失。比如，企业可以先选择亚太地区的一些文化背景相似的国家，再慢慢向文化背景不同的欧美等西方国家拓展。采取循序渐进的策略，不但可以让自己走得更稳当一些，更重要的是在这个过程中可以积累经验，以后才能走得更远。

3. 在国际化过程中，要建立自己有文化特色的品牌，把握自己的发展优势。扬长避短，向来是商业竞争中的一个基本法则。公司走国际化的道路，也要避免与西方最先进的东西冲突，而要发挥自己的专长，做有竞争力的东西。

国际化经营是赢得世界市场的过程，为此必须在销售模式、技术创新、投资策略等方面仔细拿捏，以最恰当的方式赢得海外消费者的信赖。有了大家的认同，品牌影响力就能发挥到极致，而后就容易在提升市场份额的同时获取更大利润。

第九章

刚强的背后是社会责任

在如今有多少商人早已被"拜金主义"所侵蚀，而董明珠依然坚持着自己的精神追求和商业信念。董明珠说："作为企业家，不仅要赚钱，更要有社会责任感，要尽可能参与到公益事业中去。在保证企业稳健发展、确保广大股东利益的前提下，格力积极参与公益事业，是优秀的企业对社会高度负责任的具体体现，是格力分内之事。其实，热心公益已经成为格力的DNA，无论是教育、卫生、文体，还是扶贫、拥军、赈灾，格力人都会积极参与。"

董明珠：
不忘初心，方得始终

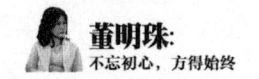

能承担多大责任，就能取得多大成功

众所周知，一个有责任感的人在社会上总是能够得到多数人的认可与尊敬。企业也是如此，一个将责任感内化为企业文化的品牌，必定能够在日益激烈的市场竞争中赢得一席之地。

格力集团能够崛起为一线电器公司，离不开当家人董明珠身上浓烈的责任意识。当她把责任文化传递给每一位员工，格力无疑具有了强大的进取能力，从而在市场竞争中表现出应有的远见与执行力。

董明珠常说，企业领导要带头讲奉献。"工作上永不满足，生活上要学会知足"是这位女董事长坚信的人生信条。多年来，尽管这位国企领导的个人收入与其贡献不成正比，但她从不过分强调个人利益，始终把责任感和奉献精神放在首位，时刻想到客户的利益，关心员工的个人生活，无论走到哪里，她都能赢得广泛的赞誉。

多年来，董明珠经常呼吁，制造业不能盲目地急功近利，只追求眼前利益，更不能有投机心理。她甚至提醒商家，唯利是图不是格力所倡导的，商家赚的是钱而不是暴利。在董明珠看来，经营企业也是在做事业，不能只是将产品卖出去，还要提供周到的服务。这种对客户负责的做法，极大地提升了格力电器的市场号召力。

虽然有着好强的个性和浓烈的竞争意识，但董明珠并不是一个"钢铁人"。据员工说，在工作之余，她不仅会帮公司的单身小伙子物色对象，还常和小姑娘们一起逛街购物，场面非常融洽，不少熟悉她的人都会亲切地叫上一声"董姐"。

董明珠是一个大企业的领导者，同时也是社会中的一员。她深知个人力量在社会发展中的作用，因此，她带领着格力这个团队拧成一股绳，秉承企业文化中对员工、对企业负责的精神，坚持不懈地做着同样对社会负

第九章
刚强的背后是社会责任

责任的事业。

久在商场中"战斗"，董明珠深知优秀的团队必须有理想、有抱负，具有强烈的社会责任感，愿意为了社会发展而放弃既得利益。在此基础上，他们会把推动社会进步作为企业一切工作的出发点。在董明珠的领导下，格力的目标是让全世界的人都信任自己的品牌。为此，"不拿消费者当试验品"成了格力企业文化的中心一环。消费者即是社会的代表，制造优质产品，提供全面服务，让消费者满意，其实就是对社会最基本的责任。

这种对客户负责、对员工负责、对社会负责的态度，无时无刻不在丰富着格力企业文化的内涵。对客户，董明珠追求简单中显真实；对员工，她要求忠诚，有职业道德，懂得关爱别人；对社会，她寻求实现价值的契机。"跟着董明珠，永远不会输"已经成为格力人的内在动力。

在某种程度上，企业文化是领导者价值理念、经营理念的呈现，更彰显了一个企业家的人格魅力。作为一种文化形象，它是为解决企业生存和发展的问题而设立的，并被企业内部大多数人认可和遵守的信念。一个企业经营管理的核心主张是通过企业文化体现出来的，并由此产生在社会上的一系列活动。企业文化并不是完全相同的。每个经营者都有不同的经营理念与管理方式，这就形成了企业文化的多样性。在格力集团，董明珠就将责任感内化为了企业文化。

在领导格力成长的过程中，董明珠逐渐意识到，企业要想发展，核心竞争力是必不可少的，而最重要的一点是团队成员身上要有一种活的灵魂。显然，这就是企业文化层面的东西。那么，在企业文化的诸多要素中，哪种精神和理念是最重要的呢？董明珠结合自己的管理实践经验意识到，"责任"是一个人立身的根本，是胜任工作岗位的基础，也是团队实现高绩效的保证。对一个企业来说，上上下下都具备强烈的责任意识，并让责任内化为组织文化的一部分，才会有持久的发展。

在创业阶段，许多经营者都表现出强劲的爆发力，并且几乎所有的员工都有一种使命感。比如，许多人在回忆起最初的创业经历时都会说：最难忘的是开发新产品、拓展新市场的过程，为了打败竞争对手，大家吃了不少苦头。但是，企业做大以后，许多领导者都倦怠下来，丧失了应有的战斗力。这似乎应验了那句话："创业容易，守业难"。许多人先是在市场上声名鹊起，后来又兵败滑铁卢，大多是因为他们放弃了最初坚持的使命感与责任意识。

研究众多经营者成功与失败的轨迹可以发现，主导这些人走向失败的心理因素，在于他们没有想清楚"我为什么要做这件事"。不可否认，追求更多财富，获得更高职位，是许多领导者最初的梦想；但是，仅有这些还不够，还必须确立一种更高的使命感，把对商业的理解和追求与我们这个时代结合起来，把自身的责任意识传到给团队成员，大家都能用做事业的心去做企业，那么离成功也就不远了。

在当下的社会环境和发展潮流中，大众早已不将获取利润当作衡量企业成功与否的唯一标准，企业存在的唯一理由也不再是千篇一律的产品和服务的显性质量。实现经济利益和履行社会责任逐渐成为一个健康和成熟企业的有机组成。只有将自身的发展和推动社会进步紧密联系在一起，企业才有根基生存和发展壮大。也只有在提供产品和服务的同时把注重消费者精神健康的需求放到同等位置，才能切实体现"以人为本"的理念。

多年来，董明珠凭借强大的责任意识经营企业，并完成了对新时期中国商业伦理的思考。多数人认为，一个做企业的人，把产品做好，能够赚到钱就行了，那些"高大上"的事自有别人去做。但是董明珠有自己独到的看法，在她看来，把中国由制造业"大国"推向制造业"强国"的民族梦想，是企业家不可推卸的责任。正是在这样的思想引导下，董明珠带领格力一步一个脚印地坚实前进，向业界的顶峰发起一次又一次的冲击。一个有担当的企业，是无所不能的。董明珠这种"将责任感内化为企业文化"的做法，着实可贵。

做企业就是在做社会事业

古语说："天下兴亡，匹夫有责。"每个人对国家和社会都应有一种责任感，企业也不例外。对经营者来说，具备强烈的责任意识，不但是回报社会的需要，也是让事业持久的必然选择。

多年来，格力空调凭借"好空调，格力造"和"买品质，选格力"的品牌效应深入人心，并逐渐获得了我国空调行业"领军人"的称号，在广大消费者心目中赢得了很高的声誉。它曾先后多次荣获"中国驰名商标""中国名牌产品""国家免检产品"的称号，入围海关总署"进出口企业红名单"，斩获B.I.D"WQC国际之星金奖"……在这些声誉的背后，是一个信念在支撑着这个团队：做企业就是在做社会事业。

"2006年CCTV中国经济年度人物"的获得者董明珠，之所以能从众多企业家中脱颖而出，最根本的因素就在于她坚持着经济年度人物的评选标准：责任、创新、影响力、推动力。而居于首位的"责任"，正是将这位女强人推向蟾宫折桂的主导因素。

当今社会的各个企业都会把社会责任感、社会责任意识作为企业经营管理的重要内容。它虽然广被提及，但真正坚持并付诸实践的企业并不多。当然，这也在相当程度上取决于企业或团队的领导者。董明珠就是自始至终强调并践行社会责任意识的一位杰出人物。

本着对消费者负责的态度，在各大企业拉开"价格战"序幕的时候，董明珠做出了一个决定：誓不降价。以降价来增加产品的市场份额，这对于一个企业来说未尝不是一件好事。但是由此而导致的偷工减料，以致损害消费者的利益，甚至企业的声誉也会连带受损，却是得不偿失的。因

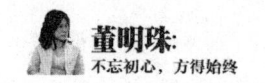

此，在这场"没有硝烟的战场上"，我们未曾发现格力集团的身影。

在公司人员管理上，董明珠也是一个刚正不阿的经营部长。当开除了一个背景很深、没领导敢动的员工之时，她说："我要对经营部负责，对公司负责。"

而面对多元化经营的诱惑，董明珠始终坚持走专业化道路。赚钱固然是每个企业家的想法，但她的最终目的是要造最好的空调给消费者，让中国人自己造的空调走向世界，为国家争光，为民族添彩。

当她做这一切的时候，没有丝毫矫揉造作的情绪，自然流畅，正如她个性毕露、直爽可爱的性格一样。

作为劳动密集型企业，多少都会遇到"招工荒"的困境。但一般企业面对的，不是没有能力提高民工的待遇问题，而是把民工放在什么样的位置上，怎样让民工与其他员工平等。

她始终认为，一个企业要发展，必须依靠每个员工共同努力，那种靠某几个人的"功劳"取得成绩的理论是站不住脚的。正是这种"对每个人公平"的责任意识的潜移默化，董明珠没有也不想靠廉价劳动力为公司谋取高额利润。

这个"像男人一样战斗"的女神，在复杂的商海中摸爬滚打，能带领企业走在世界前列，并成为上市公司中的佼佼者，她的社会责任意识是表现在多方面的。可以说，她已将社会责任意识融入企业经营管理的方方面面，这不仅造福了企业员工，更为她在今后的企业竞争中赢得了一席之地。

现在，很多经营者都把"企业的社会责任"放在组织规划发展之中，这对于我们每个人来说都是好事。但是，凡事都有两面性。在领导者们做出的每个决策背后，谁又知道他们没有为一己私利而洋洋得意呢？谁又知道这是不是企业迫于社会压力在作秀从而提高企业知名度呢？但有一点可以肯定，格力是将企业的社会责任当成一件普通的事情在做。

第九章
刚强的背后是社会责任

　　一个企业的存在，若是只将赚钱当作唯一目的，那它必定不会长久。一个好的企业，应当服务社会、创造文化，为民众提供就业机会，把高质量的产品和服务以最低的价格向消费者提供。这些都是一家企业该具有的最基本的目标，说得宏观一些，就是企业的使命。

　　格力，就是这样的企业。一个从管理层到普通员工都具有的责任感，支撑着它一步步走到了今天。诚然，管理层的决策是非常重要的。在这里，不得不说，董明珠是一位英明果敢的决策者，她把企业的每一件事都落实到具体的员工身上，信任他们，鼓励他们，使每个格力员工都具有超强的使命感，这也成为他们前进的动力。

　　董明珠也是这个团队中的一员，她深知作为一个集体的伟大。她自己对社会责任的认识感染了企业的每个员工，在企业取得成就的同时，又将这种巨大的荣誉感转化为强烈的社会责任感，促使他们对自己负责，对企业负责，对国家和民族负责。

　　格力电器用自己的行动赢得了社会的认可与尊重。格力曾入围"2006年度中国最受尊敬的企业"；位居"一百家榜上有名的企业"第38位。在经济观察报举办的"2006年度中国最受尊敬企业颁奖典礼"的企业名单中，格力电器再次入选。

　　由此可见，消费者对格力的信任与支持是达到了何种程度。然而这一切荣誉的背后，都是董明珠用她勤劳的双手与智慧的大脑创造、决策的结果。就如同她所说的，没有格力就没有她，没有她也不会有格力的今天。

　　董明珠坚守着自己的信念，带领企业进行一次次的爱心捐助，支持各项公益事业。一个被人尊重的企业家，一定是一个对社会充满关爱的企业家。

　　其实，这些受人尊敬的企业家中没有一个人纯粹是为了钱而生存。他们已经将做企业、赚钱当作他们实现自身价值的一种方式。并且一旦他们有了足够的实力，他们就会开始回馈社会，报答人民。

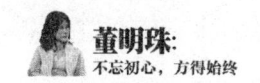

圣人讲"立功""立德""立言"。董明珠自言是一个追求"立功"的人，她最简单的追求就是能够在退休后得到一个好的口碑。所以，她将"做企业就是做社会事业"这一信念表现得淋漓尽致。格力能够发展到今天，是与她这种强烈的社会责任感密不可分的。

今天，企业践行社会责任已经成为一种发展趋势。对经营者来说，把责任落实到企业经营管理的各个环节，并在获取利润的同时回报社会，不仅是成长的需要，也是做大的关键。

实际上，20世纪80年代以前，不仅是中国，世界各地的企业都普遍缺乏应有的社会责任意识，社会舆论也只是将企业定位为经济活动的主体，以利润的多少来衡量企业。而伴随着社会的发展和文明的进步，是否履行社会责任已成为判断企业形象的重要标准。这就要求企业不仅要生产合格的产品，提供周到的服务，更要积极承担与之相应的社会责任，避免偷工减料等危害社会公众利益的行为。

在日益激烈的市场竞争中，消费者大多会选择社会形象良好的企业来购买商品和服务。一旦企业被披露有任何的违法行为，社会舆论就会首先呼吁消费者起来抵制，造成企业形象一落千丈，甚至市场份额也受到影响。前几年的"三鹿奶粉事件"就是一个典型案例。所以，企业只有认真履行社会责任，坚持以人为本，才能在市场经济的浪潮中扬帆起航。

企业的最高境界在于造福社会

伴随着经济全球化的迅速发展，"效率优先，兼顾公平"的理念将逐渐让位于"效率与公平并重"或者"更加注重公平"。在这样一个背景下，企业的社会责任问题开始受到关注。如果说，是资本决定着企业做大做强，那么社会责任感则是企业持续健康发展的关键。事实上，企业作为社会重要的组织形式，不仅是财富的创造者，也是社会保障、社会公德与商业伦理的践行者。因此，社会责任正在成为衡量中国企业及企业家素质的重要因素。

在格力，责任感已经成为企业文化的一部分。这不仅包含了企业经营者在经营理念方面的责任，更是在社会范畴中显示了企业的重要性。

作为一家上市公司，格力一直都在遵循业界规定，不做任何投机倒把之事。从当初筹募资金时的不过7亿元，到现在分红超过234亿元（2020年度实际派发）净资产从1000万元左右上升到了接近1200亿（2020年报数据）。这是一个股民和格力双赢的过程。在实现财富共享的同时，董明珠带领格力成长为中国电器行业的领头羊。

随着实力的增强，格力从1997年起就已经不需要银行贷款了，而是将反哺社会的大旗插遍各地。仅在重庆建设的基地当年就给国家和地方创造了3000多万元税收。后来，当格力的生产厂房扩展到西部地区时，不仅实现了从"输血"到"供血"的功能性变化，还使当地的配套产业活跃起来，使许多人的再就业问题得到解决。

即便是与合作伙伴发生矛盾，或者面对竞争对手，董明珠在决策中也注意考虑社会影响，从大局出发决定取舍。早年，格力与国美发生矛盾，董明珠就展示出了非凡的决策智慧。事后，她说："国美与格力之间的矛盾，实质是观念上的矛盾，而不是个人之间的……始终把消费者的利益放在首位是每一个格力人心中最大的信念。如果说今天卖出一个低价产品，就认为我是最好的，那么企业职工的温饱如何解决？企业自身还要不要发展了？现在的很多商家都没有暴利，如果全部亏损，会导致多家企业倒闭，员工下岗，这必然不是大家所希望的。企业要对自己的行为负责，这是最基本的常识。虽然不能赚暴利，但是不能不赚钱。而这恰恰是格力与国美之间不同的观点。我衷心地希望与格力合作的人都能成为最大的赢家。当然，也要提醒一点，对人对事需诚信，这样才能步步为营。"

董明珠:
不忘初心，方得始终

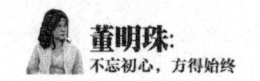

在这里，我们不难发现董明珠着眼大局，关照社会利益的努力。她很清楚，商场上利益的争夺不能只考虑自身的利益，还要秉承公正的原则，考虑相关利益者的诉求，这样才能实现多赢，保证社会的稳定、繁荣。

当一个企业家把社会责任感当成一种职业道德来遵守的时候，他领导的企业定会在自身的发展过程中不断增长新的经验，从而在许多方面赶超同行业，创造出更大的成绩。董明珠十几年如一日地坚持着责任、诚信、公平，把对社会的责任感融进对企业的经营中，这不仅让人们看到一个果敢睿智的领导者的形象，更是用行之有效的实际行动告诉我们，一个负责任的企业应该造福社会。

不积小流，无以成江海。多年来董明珠始终坚信："一个有责任的人，要有敢立潮头勇担重任的大气；一个有责任的企业，要有产业报国造福社会的雄心。"将格力打造成为全球知名企业，为国家创造了数十亿元利税，让我们看到了一个家电行业的奇迹。

除了在商业圈内对员工、企业、合作者肩负使命感之外，董明珠在生产经营之外的社会其他领域，也始终抱有负责任的态度，让自己的微光温暖他人。

2006年8月，董明珠在百忙之中赶到了贵州省黔南州都匀市平浪镇小学，把她的30万元稿费捐了出来，希望能尽自己的一点绵薄之力为孩子们创造良好的学习环境。在捐赠仪式上，董明珠说："格力作为国内外知名的空调企业，在保证自身发展的同时，能够为大家做些什么呢？我认为最实在的，就是多献一些爱心，对那些生活困难的人伸出援助之手，这也是在为自己的企业积德行善。这次在平浪镇小学，我被孩子们坚持在危房中刻苦学习的精神所打动，仅凭这一点，我们就该为同学们做些事情。今后，我们还会用各种方式募集资金来支持贵州省的教育事业。"

格力是在一次次的爱心捐助中，在一次次对国家公益事业的支持中，用真心来回报社会各界对公司的关注和信任的。一个企业能有这样的

第九章 刚强的背后是社会责任

真心，怎能不懂得"造福社会也是在帮助自己获取更大的市场"这个道理呢？

一个有责任的企业不仅集中精力创造财富，还会用实际行动向世人展示造福社会的本领。对决策者来说，只有商业管理智慧是不够的，还要具备奉献的精神，站在国家的立场上去考虑企业的发展，才能在未来的竞争中立于不败之地。

做人，要有责任心才能得到其他人的信任；做企业，要能肩负起行业内部、社会领域各个方面的责任，才是一个成功的企业。企业不仅是经济实体也是市场主体，它必须把经济效益、资产增值、员工福利和企业的发展紧密联系起来，不应把一些本是社会的责任强加到企业身上。但是，每个企业的经营方式不同，是将企业的经济效益与环境保护、社会进步当作一个整体来看，还是以牺牲环境为代价来换取高额收益呢？这就是社会责任感的问题。

纵观世界各国的企业，特别是那些多年来业绩良好、口碑稳定的公司，无不把社会责任感当作经营理念中的重要一环。企业的领导者，特别是管理层，必须有较强的社会责任意识才能不断带领企业走上和谐稳定的发展道路，从而造福社会。

当前，社会保障、环境污染、"民工荒"等问题，暴露了一些企业社会责任感的严重缺失。企业应当如何承担社会责任？企业的发展与社会的发展可以厚此薄彼吗？显然，企业的发展离不开社会，要想长久立足于竞争日趋激烈的经济圈，必须要肩负起相应的社会责任，才能实现持续健康发展。

董明珠带领格力在众人面前展示出的实绩告诉我们，企业在发展中要时刻牢记自身担负的责任，不能仅凭在经济上取得的小小成绩就认定这是一个好的企业。考察企业合格与否的途径有很多，但归根到底，是否造福社会，是伴随企业发展始终的命题。

企业要制造好产品回报社会

2015年春节期间,中国制造业受到了极大的震动。据有资料显示,有45万中国游客在2015年春节期间到日本旅游,并在日本各大商场抢购电饭煲、马桶盖、保温杯、吹风机、刀具、名牌包等产品,10天内消费了高达60亿元人民币。其中,国人抢购的马桶盖竟然断货,一个日本某电器店销售人员说:马桶盖几乎处于断货状态。据了解,国人抢购的马桶盖是温水洗净马桶盖,属于智能马桶盖,电饭煲也是智能型电饭煲,电吹风是具有纳米水离子技术的,刀具也是耐磨陶瓷刀具,总而言之,国人抢购的都是高品质的产品。

这件事情说明了中国居民的收入在不断增长,人们开始追求高品质的商品。同时,也暴露出中国制造的产品还存在一定的劣势,而日本的产品依然存在较大的优势。这件事情发生后,引起了网友们的热议。中国是一个制造业的大国,一定程度上而言,中国也是制造业的强国。但是,中国制造仍然不代表高品质,中国制造被人们认为是物廉价美的,这显然与中国消费者的消费需求是脱节的。

在2015年政府工作报告中,中国政府明确提出了"中国制造"的概念,指出制造业是我们的优势产业,在"中国制造2025"战略的九大领域中,最重要的就是建设制造业创新体系,加快从制造大国转向制造强国。但是,2015年春节发生的中国游客抢购日本商品的事件证明中国制造仍然还需要走很长的路。

在这件事情中,中国的制造业企业受到了极大的震撼。中国目前是世界第二大经济体,在经济体量上远远超过了日本。但是,在制造业方面,中国还是难以跟上日本的脚步。在这件事情中,最需要反思的群体就是中国的企业家群体,尤其制造业的企业家。假如中国制造在高端技术上还有待进步，但中国制造在电饭煲和马桶盖上的表现不佳就意味着中国制造在低端产品的缺陷。

在这件事情后，董明珠是反应最为强烈的中国制造业的企业家，作为中国企业界的支柱性人物，董明珠勇敢地站了出来。

2015年3月9日，董明珠在参加2015全国"两会"期间接受了一档采访节目。董明珠直言，春节期间"疯抢日本马桶盖"的事件事实上是我国在为企业的不诚信买单，由于中国国内的制造业企业急功近利，在产品制造上不够专注，对产品质量的要求较低，将低品质的产品卖给消费者，最终导致中国产品在质量上饱受诟病。

董明珠说："我相信也有很多品牌生产得很好，但是中国的消费者为什么不买？出现这个怪现象就是我们为过去的不诚信在买单。所以中国的企业一定要有一种社会责任感。对消费者不是靠一个概念、一个广告，今天把消费者骗来了，等明天消费者还是会离你而去。"

在2015年的"两会"期间，空气质量、雾霾治理等问题成为大家关注的焦点，董明珠评论道："有人说董明珠你机会来了，生产净化器就有钱赚了，但是我偏要反向思维，从国外进来很多所谓的净化设备价格不菲还卖得脱货，国内产品便宜反而无人问津，这种怪现象是在为我们过去的不诚信买单。"

董明珠认为只有优秀技术才能解决这个问题，她认为"中国制造"应该转变为"中国智造"，而创新驱动是中国企业的必由之路。创新是一个企业进步的灵魂，也是一个企业成功的秘诀，企业失去创新，就意味着止步不前。在消费已经走向升级的当下，中国企业应该创新实现中国消费者的生活品质的提高。

就像董明珠所说："我觉得一个真正有价值的企业应该能给消费者带来真正健康、便利、安全的产品和服务，提升消费者的生活品位。"

从中国的国情看，中国企业面临着"转型升级"的时代命题，中国的

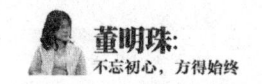

制造业企业必须在未来一段时间内从生产中低端产品的阶段过渡到生产中高端产品的阶段，否则中国恐怕难以成为真正的制造业强国。

技术是一个企业的核心竞争力，中国企业家常常喜欢通过购买国外技术增强自身的技术水平。但是，这并不是长久的策略。因为国外企业并不会将他们的核心科技卖给我们。格力的历史上就有这类事情，2001年，格力想要购买日本企业的一项核心技术，但遭到日本企业的拒绝。那时，格力的技术人员在拿到运用该技术设计的日本样品后，甚至难以看懂对方的设计图。所以，格力非常清楚企业缺乏核心技术的尴尬，因此格力开启了技术自主创新的道路，并获得了成功。格力空调真正掌握核心技术后，取得了消费者的信任，也承担了企业的责任感。

不久，格力推出第一款新品，即大松电饭煲。董明珠说："我特别生气'到国外买电饭煲'的事情，这个事真的刺痛了我的神经。我觉得很遗憾，同时也很悲哀。没有理由中国那么多制造企业连一个电饭煲都做不好。"

格力为此办了一场体验会，用格力出品的大松电饭煲与三款国外畅销电饭煲，以相同的原材料和水分煮饭，请现场嘉宾和记者盲选出更佳烹饪效果的电饭煲。据现场统计，格力大松电饭煲以31票位列第一。

格力研发人员说："为了做出好吃的米饭，近三年来，我们做了大量的蒸煮实验，光实验室用掉的各种米就多达4.45吨。"

当人们谈起企业家责任的时候，往往会更加关注企业家的社会责任，重点关注企业家为社会做出的慈善事业。但是，除此之外，企业家更需要通过产品来体现社会责任。假如中国消费者总是去海外购买产品，尤其是购买生活必需品，这也许说明国内企业家缺乏一定的社会责任感。因为每一个中国企业家都有责任让中国制造的产品获得消费者的认可。所以，每一个企业家都应该积极参与到提升产品质量、加快转型升级的时代潮流中，为消费者创造更高品质的产品。

企业家是社会的中流砥柱，中国经济因为一群又一群的企业家而发展壮大。中国制造在全世界的名气如日中天，中国制造铺满了国内国外、大大小小的超市商场。但是，当人们提起中国制造的时候仍然感到不满，因为中国制造的产品品质并不令人完全信服。在这样的背景下，中国的企业家有责任改变人们对中国制造的产品印象。只有像董明珠所强调的那样，即企业一定要掌握核心技术，我们才能在国外的竞争中保持不败。中国的企业也只有制造出好的产品，才能充分实现企业价值，中国企业家的社会责任感只有通过高品质的产品才能充分彰显。

让世界爱上中国造

2015年9月22日，董明珠在"中国品牌在行动——中国制造业高峰论坛"上的演讲时说道："中国有很多优秀的企业在思考，特别提出了中国制造2025以后，我们都能感觉到自己的担当和责任。今天这个讨论会，我们要解决的是我们要敢于担当，我们要有社会责任，我们企业的发展是为了我们国家的强大，是因为我们的技术能够走向世界，这就是我们今天'中国品牌在行动'最有价值的一个讨论。"

董明珠直言不讳地指出："中国有很多制造，甚至一些国外产品都是在中国制造卖到国外去的，包括今年春节马桶盖事件，调研了半天说在浙江生产的，是中国的马桶盖，这么小小的一个民用产品，还要跑到外面去买，一个企业依附于别人，当这个树倒下时，或者离开时你必然倒下。"董明珠所指出的是，中国虽然是制造业大国，有规模庞大的制造业产业，但更多的是代工企业，而核心技术掌握在国外企业手里。

中国制造的这一弱点使中国制造的产品在国外缺乏影响力。董明珠提到一个发生在格力电器的小故事："在中东时他们说，你们格力非常好，但是你们不要打'中国制造'，我觉得这句话深深刺痛了我。"

董明珠：
不忘初心，方得始终

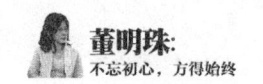

董明珠在演讲中强调："真正制造业的价值是因为我们的创造而改变了别人，这恰恰就是我们要走自主创新道路的一个最重要的理由。中国14亿人口是一个大国。我很震撼，很多关键技术里面的核心东西都不是我们的。格力这么多年来，我们总结了一个经验，我们内心装有世界，而不是自己，所以我们才能够下定决心走自主创新的道路。曾经马桶盖事件发生时，我很自豪地说，买马桶盖到国外买，但是买空调一定要在中国买，而且在珠海买，就是格力。全中国如果仅仅因为格力能走向世界，并不是伟大的。中国应该有无数个品牌走向世界，才是我们最伟大的事情，也是我们每个人要做的事情。"

所以，董明珠在演讲中倾情呼吁："从今天开始，每一个企业家要有担当，要有社会责任，不要再做偷鸡摸狗的事情，不要再做低质低价的产品，中国产品在世界上被别人瞧不起就是因为没有自己的产品。我在这呼吁在座的企业家，让每个人为中国企业走向世界而走向世界。"

随后，格力提出了一个重要的口号，这也格力新的品牌广告。在中国制造业企业的众多企业家们齐聚珠海的时，格力电器发布新的品牌口号"格力，让世界爱上中国造"。

董明珠面对企业们掷地有声地说："中国的企业家，应该更多地聚焦实业。没有实体经济，就不会有中国经济的未来，没有中国制造，就不会有国家的全球尊严！"

凭借着自主创新，格力收获了多项国家科技进步大奖。例如，2015年，格力凭借"基于掌握核心科技的自主创新工程体系建设"项目荣获国家科技进步奖。

而格力的自主创新也让格力在全球制造业低迷的大环境下逆势增长，2015年5月，福布斯公布"2015全球企业2000强"榜单，格力位列第385名，在全球家用电器类企业中排名第一。

格力发布新品牌广告的时候，主办方同时联合华为、阿里巴巴、徐

第九章
刚强的背后是社会责任

工集团、华中数控、潍柴动力、乐视、华帝、金蝶、山东迈尔口腔、太阳鸟游艇、国光电器、九牧厨卫等 20 多家国内知名企业发布了"六赞六反"倡议书:"赞自主创新,反剽窃抄袭;赞节能环保,反奢侈浪费;赞品质卓越,反偷工减料;赞诚信经营,反坑蒙拐骗;赞责任立企,反自私自利;赞实干兴邦,反空谈误国。"

毋庸置疑,企业家们的联合声明是非常及时的。从这些企业中,我们看到阿里巴巴、华为等国际一流企业。某种程度上而言,当这些企业开始呼吁企业需要自主创新的时候,其实就在说明中国企业在国际市场上的被动状况。由于这些企业在国际市场上深耕多年,自然清楚剽窃抄袭、奢侈浪费、偷工减料、坑蒙拐骗、自私自利、空谈误国,这些缺点在部分中国企业中存在一定的普遍性。

那么,中国企业怎么样才能走向世界,中国制造怎么样才能吸引国外的客户,甚至让世界爱上中国造呢?企业家的倡议书给出了答案,那就是:自主创新、节能环保、品质卓越、诚信经营、责任立企、实干兴邦。在这些答案中,自主创新是排在第一位的,说明中国企业家的共识是企业家应该通过自主创新赢得世界。

除此之外,责任立企、实干兴邦这一两点也是非常吸引人的。中国企业走向海外,不仅仅应该着力开拓海外市场,而且应该在国际上帮助树立中国的良好形象。中国制造业企业是中国企业中涉足海外市场最普遍的企业群体,所以中国制造业企业也是中国国际交流舞台上的排头兵,让世界爱上中国造是每一个企业家义不容辞的责任。

董明珠的决心是一以贯之的,在后续的采访中,她不断强调中国企业家的责任,2016 年 9 月,她再次接受采访时说道:"我觉得作为企业来讲还有一个最大的责任就是让世界了解中国。我上次到中东的时候,中东的经销商和我讲,董总你们的产品特别好,我们特别喜欢,但是他反过来说,我们要费很多的口舌给别人解释,人家一听中国制造就觉得中国制造

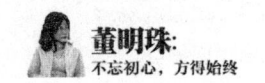

不行,他说你能不能搬到泰国建一个工厂。我当时听了很气,因为中国确实有很多优秀的企业,但因为有一小部分企业由于不重视自己的品质,没有把消费者的利益摆在首要地位,所以影响了我们中国的整个形象。所以一个企业走出去要注意你的责任,让别人感受到中国是一个诚信善良的国家。"

董明珠一而再地讲格力电器在中东的经历,一方面强调了中国企业在全球市场上的弱点,另一方面也说明了董明珠个人对自己和对格力的要求。

在董明珠不断地呼吁中国企业承担起重塑中国企业在国际上的形象的时候,董明珠其实并不是在批判,她更多的是在分享自己的感悟,分享格力的故事。董明珠作为制造业企业领域的重要企业家,肩负着很大的责任。所以,她的言论更多的是油然而发的,是她本人强烈的责任感和使命感的体现。

《财富》杂志公布2016年全球50大最具影响力女性,董明珠位列中国最具影响力女性第一名。《财富》杂志评论董明珠:作为中国最大的空调厂商,格力董事长及总裁董明珠表现得很自信。她提出了多元化发展战略,着手智能家居和智能制造"双智"发展,还计划进军新能源汽车领域。董明珠获得这一奖项的意义不限于董明珠个人,这项奖项还肯定了格力的发展路线以及董明珠对中国制造业寄予的希望。